工程训练中的劳动教育

李晓春 ◎主　编
丁连涛　周晓勤 ◎副主编
刘　鹏　曲晓海 ◎编　委

吉林大学出版社
·长春·

图书在版编目(CIP)数据

工程训练中的劳动教育 / 李晓春编著 . -- 长春：吉林大学出版社 , 2024. 11. -- ISBN 978-7-5768-4492-4

Ⅰ . G40-015

中国国家版本馆 CIP 数据核字第 2025Y0D396 号

书　　名：工程训练中的劳动教育
GONGCHENG XUNLIAN ZHONG DE LAODONG JIAOYU

作　　者：李晓春
策划编辑：李承章
责任编辑：白　羽
责任校对：闫竞文
装帧设计：云思博雅
出版发行：吉林大学出版社
社　　址：长春市人民大街 4059 号
邮政编码：130021
发行电话：0431-89580036/58
网　　址：http://www.jlup.com.cn
电子邮箱：jldxcbs@sina.com
印　　刷：北京北印印务有限公司
开　　本：787mm×1092mm　　1/16
印　　张：11
字　　数：180 千字
版　　次：2025 年 3 月　第 1 版
印　　次：2025 年 3 月　第 1 次
书　　号：ISBN 978-7-5768-4492-4
定　　价：68.00 元

版权所有　翻印必究

序 言

劳动教育是中国特色社会主义教育制度的重要内容，是新时代构建德智体美劳全面培养的教育体系的重要工程。党的十八大以来，习近平总书记高度重视发挥劳动教育在立德树人中的重要作用，明确强调"要在学生中弘扬劳动精神，教育引导学生崇尚劳动、尊重劳动，懂得劳动最光荣、劳动最崇高、劳动最伟大、劳动最美丽的道理，长大后能够辛勤劳动、诚实劳动、创造性劳动。"[①] 开展劳动教育，有计划地组织学生参加日常生活劳动、生产劳动和服务性劳动具有巨大的综合育人价值。

旨在培养大学生生产劳动能力和劳动精神的工程训练始终是大学生劳动教育的重要组成部分和大学生生产劳动教育的关键载体。在工程训练中积极践行劳动教育，教材具有至关重要的作用，它为学生提升劳动精神面貌和劳动技能水平提供了系统性的指导。结合多年教学科研经验和体会，在仔细研读的基础上，总结本书在编写上具有以下鲜明特点。

第一，坚持从旗帜鲜明讲政治的高度开展教材编写，切实把准政治方向。本书旗帜鲜明地坚持马克思主义的指导地位，用马克思主义

[①] 张烁：《坚持中国特色社会主义教育发展道路 培养德智体美劳全面发展的社会主义建设者和接班人》，《人民日报》2018年9月11日，第1版。

劳动理论作为分析大学生劳动教育的理论基础，并在内容上充分体现党的理论创新最新成果。

第二，坚持从立德树人根本任务的高度开展教材编写，切实增强育人价值。立德树人是教育的根本任务，也是高校的立身之本。本书紧密结合"构建德智体美劳全面培养的教育体系"的要求，既注重从劳动价值取向的层面引导学生在工程训练中树立正确的劳动观，又注重从安全生产意识的层面引导学生在工程训练中树牢安全发展理念，还注重从劳动能力提升的层面引导学生在工程训练中锻炼生产劳动技能，使学生能够通过工程训练提高认识、增长本领、经受锻炼，实现树德、增智、强体、育美的目的。

第三，坚持从理论联系实际的学风的高度开展教材编写，切实增强可读性。理论联系实际是马克思主义学风，也是本书编写的基本原则。教材在内容上既涉及劳动教育的基本理论，又涉及在工程训练中开展生产劳动教育的方式方法，更是以拓展阅读的形式为读者提供了有针对性的案例与相关资料，在坚持以学生为中心的基础上多管齐下提升了可读性。同时，本书结构合理、逻辑严密、文字表达清晰，充分体现出编者的用心，也彰显出本书的思想性和实践性。

工程训练作为工科大学生必要的实习实训教学，其课程设置、教学内容、教学方法与新时代大学生劳动教育完全契合。本书以《工程训练中的劳动教育》为题，充分挖掘工程训练中蕴含的丰富的劳动教育元素，对进一步推动工程训练课程建设、助力培养新工科人才具有独到的探索意义。

前言

劳动是推动人类社会发展的关键力量。但劳动观念的树立、劳动能力的培养、劳动精神的培育和习惯品质的养成需要在后天的教育中习得。这就需要劳动教育久久为功地发挥效用。

劳动教育是新时期党对教育的新要求，是国民教育体系的重要内容，是学生成长的必要途径，具有树德、增智、强体、育美的综合育人价值。劳动教育对学生在校园阶段便树立正确的劳动观念、具有必备的劳动能力、培育积极的劳动精神、养成良好的劳动习惯和品质具有重大作用。

为构建德智体美劳全面培养的教育体系，党和国家制定颁布《中共中央 国务院关于全面加强新时代大中小学劳动教育的意见》，为新时代在全国范围内开展劳动教育指明了方向。为落实党和国家关于开展劳动教育的政策要求，教育部也以《大中小学劳动教育指导纲要（试行）》的形式明确新时代我国国民教育中劳动教育的具体安排。可以说，加强劳动教育已成为新时代办好人民满意的教育的必然要求。

劳动教育的目标就在于准确把握社会主义建设者和接班人的劳动精神面貌、劳动价值取向和劳动技能水平的培养要求，全面提高学生劳动素养。劳动教育包括日常生活劳动教育、生产劳动教育和服务性劳动教育三大类别，其中工程训练是大学生生产劳动教育的重要方面。

在工程训练教学中，大学生通过参与体验式教育，置于生产劳动场景中，亲身参与生产劳动，能在其中增强劳动能力、提升劳动素质。

本书以工程训练中的劳动教育为主题，重点探讨如何在工程训练中有效达成生产劳动教育的效果。具体来说，首先从劳动与劳动教育的基本理论切入，通过对劳动与劳动教育的层层探讨最终指向当前开展大学生劳动教育的重点方向。随后以工程训练与劳动教育的关系为主题，探讨在工程训练中开展劳动教育的必要性和可行性。进一步，本书具体分析如何在工程训练中开展劳动教育，分别从在工程训练中树立正确的劳动观，通过工程训练中的安全训练树牢大学生安全发展理念以及通过在工程训练中开展材料成型训练、机械加工训练、先进制造训练以锻炼大学生的生产劳动技能等方面入手，向读者展示如何在工程训练中推进新时代劳动教育。

本书的各章节中，为读者配备了一定的拓展阅读材料，这些材料既有理论性的原著、原文，也有现实性的方针、政策及其解读，还有常识性的方法和活灵活现的事例，其结合相关章节，在以不同的形式提升可读性的同时，也能够起到再学一步、学深一层的效果。

本书依据《中共中央 国务院关于全面加强新时代大中小学劳动教育的意见》和教育部《大中小学劳动教育指导纲要（试行）》相关要求，结合当前大学生工程训练实际情况编写。在具体内容方面，限于笔者水平和经验，不足之处在所难免，恳请读者批评指正。

李晓春
2024 年 11 月

目 录

第一章 劳动与劳动教育 // 001

一、什么是劳动 // 001

二、什么是劳动教育 // 004

（一）劳动教育的理论基础

（二）劳动教育的目标和内容

（三）劳动教育的途径与主体

三、新时代大学生劳动教育 // 023

（一）当前大学生劳动教育存在的问题

（二）进一步推进大学生劳动教育的重点方向

拓展阅读 // 029

第二章 工程训练与劳动教育 // 043

一、工程训练的发展情况 // 043

（一）工程训练与工程训练课程

（二）工程训练中心的建设——以吉林大学工程训练中心为例

二、工程训练与劳动教育的关系　// 050

（一）劳动教育是工程训练的本质属性

（二）工程训练是劳动教育的重要载体

（三）通过工程训练拓展新时代大学生劳动教育

拓展阅读　// 058

第三章　在工程训练中树立正确的劳动观　// 065

一、什么是正确的劳动观　// 065

（一）树立正确的劳动价值观

（二）树立正确的劳动实践观

（三）树立正确的劳动精神观

（四）树立正确的劳动教育观

二、在工程训练中践行以劳树德　// 078

（一）作为劳动教育的工程训练树何种德

（二）作为劳动教育的工程训练如何树德

三、在工程训练中重点弘扬劳模精神　// 088

（一）当代中国劳模精神的内涵

（二）在工程训练中消解当代大学生对劳模精神的误解

拓展阅读　// 098

第四章　在工程训练中树牢安全发展理念　// 109

一、工程训练中为什么要开展安全训练　// 110

（一）开展安全训练就是要预防安全生产隐患中的人的因素

（二）开展安全训练是牢固树立安全发展观念的现实需要

二、如何开展工程训练中的安全训练　// 112

　　（一）熟悉安全生产原则

　　（二）准确掌握安全事故预防措施

　　（三）熟练使用安全防护用品

拓展阅读 // 123

第五章　在工程训练中锻炼生产劳动技能　// 131

一、在材料成型训练中锻炼生产劳动技能　// 131

　　（一）铸造

　　（二）手工焊接

　　（三）锻造与冲压

　　（四）热处理

　　（五）3D 打印

二、在机械加工训练中锻炼生产劳动技能　// 138

　　（一）车削加工

　　（二）钳工

　　（三）铣削加工

　　（四）加工中心

　　（五）磨削加工

　　（六）机械拆装

　　（七）工业测量

　　（八）夹具设计

三、在先进制造训练中锻炼生产劳动技能　// 151

　　（一）智能制造

　　（二）工业机器人

（三）线切割加工

（四）激光加工

（五）人工智能机器人

（六）气动与液压

（七）机电一体化

拓展阅读 // 161

参考文献 // 163

第一章
劳动与劳动教育

劳动是创造物质财富和精神财富的过程，是人类特有的基本社会实践活动。劳动教育是发挥劳动的育人功能，对学生进行热爱劳动、热爱劳动人民的教育活动。[①] 纵观古今中外，人类因劳动而发展，劳动因劳动教育而传承。

一、什么是劳动

劳动是个具有悠久历史的概念。在汉语中，劳动的一般含义是"操作、活动"。《庄子·让王》中的"春耕种，形足以劳动"就是取其操作、活动的含义。在古汉语中，"劳"与"动"一般被独立使用。一般意义上，"劳"作为动词使用，如《国语·越语》中的"劳而不矜其功"，《孟子·滕文公》中的"或劳心或劳力"。而在《说文解字》中，"动，作也"，即"活动""行动""移动"。整体上看，中华传统文化整体上将劳动理解为操作、活动的意思。在西方文字中，"劳动"的英文为 Labor、希腊文为 Ponos、法文为 Travail、德文为 Arbeit，这些词都

[①] 教育部：《教育部关于印发〈大中小学劳动教育指导纲要（试行）〉的通知》，中国政府网，https://www.gov.cn/gongbao/content/2020/content_5535329.htm。

不同程度地含有辛劳、痛苦、费力的意蕴。

马克思主义以唯物主义的方法，科学地构建了全面的劳动概念。从人改造自然的角度，劳动是人类运动的一种特殊形式，即"劳动首先是人和自然之间的过程，是人以自身的活动来中介、调整和控制人和自然之间的物质变换的过程"[1]。从社会发展的角度，劳动是人类社会生存和发展的基础，人类"第一个历史活动就是生产满足这些需要的资料，即生产物质生活本身"[2]。从人自身的发展角度，劳动决定人的"类本质"，即"一个种的整体特性、种的类特性就在于生命活动的性质，而自由的有意识的活动恰恰就是人的类特性"[3]。

因此，可以说在马克思主义的视野下，劳动是人运用体力和智力有目的、有意识地改造自然和人类社会的实践活动，劳动不仅是人和社会存在和发展的基础，也是人的第一需要，不仅满足人的物质生活需要，也满足人的精神生活需要。在马克思看来，劳动过程包括三个基本要素："有目的的活动或劳动本身，劳动对象和劳动资料。"[4] 其中，劳动是由具备劳动能力的人开展的活动，参与劳动的人既可以直接通过身体作用于劳动对象，也可以运用智力和技术间接参加生产劳动。因此，劳动不仅包括人的体力劳动，也包括人的脑力劳动，而且由于劳动者的主观能动性，劳动者的劳动态度影响着劳动的效率和效果。劳动对象指的是人的劳动作用的目标，包括土地、原料等自然资源，也包括人与人、人与社会构成的复杂系统。劳动资料即人们用来影响或改变劳动对象的一切物质资料，其中最主要的是指劳动工具。劳动工具可以视为劳动者身体的延伸，人类学会使用劳动工具，那么真正意义上的劳动才算开始。

---

[1] 马克思：《资本论（第1卷）》，北京：人民出版社2004年版，第207-208页。
[2] 《马克思恩格斯选集（第1卷）》，北京：人民出版社2012年版，第158页。
[3] 《马克思恩格斯选集（第1卷）》，北京：人民出版社2012年版，第56页。
[4] 《马克思恩格斯选集（第5卷）》，北京：人民出版社2009年版，第208页。

劳动创造了人和人类社会，存在于每一个社会历史发展阶段中。作为人与自然界关系的中介，劳动是一种特殊的能量转化方式，即人类与自然界实现能量交换的方式。劳动所形成的主客体关系，包括三个层次。一是人与自然的关系。人的本性是自然属性，其表明人与自然界的同一。而人的特性体现在对自然界的改造中。为了获得满足生存发展需要的物质生活材料，人类通过生产劳动改造自然，使"纯粹的自然"变成"人化自然"。正是通过生产劳动，人类建立了人与自然的历史关系，进而创造了人类社会。因此，人类历史在根本上就是生产劳动的历史，是人类从自然界中获取生产生活资料的历史。二是人与社会的关系。劳动是在人类社会中进行的，人通过劳动生产生活资料的同时，也生产着自己的社会关系。与人与自然的关系不同，人与社会的关系表现为社会内部人与人之间的关系，包括共同劳动、分工和交换三个相互作用的部分。三是人与自身的关系。劳动不仅创造了物质生活世界，还创造人本身。人不仅是生物意义上的个体，还是"社会人"，其通过劳动建构了自身的社会发展史。在马克思看来，"人的类特性恰恰就是自由的自觉的活动"[1]。

2020年教育部在《大中小学劳动教育指导纲要（试行）》中明确将劳动界定为"创造物质财富和精神财富的过程，是人类特有的基本社会实践活动"[2]。这一概念本质上就是建立在马克思主义劳动概念的基础之上的，认为劳动作为一种人类有目的的对象化活动，它就是人类创造物质财富和精神财富的过程，是人类特有的基本社会实践活动。本书所研究的工程训练中的劳动教育中的劳动，也是在这一概念下展开的。

---

[1] 《马克思恩格斯全集（第42卷）》，北京：人民出版社1979年版，第96页。
[2] 教育部：《教育部关于印发〈大中小学劳动教育指导纲要（试行）〉的通知》，中国政府网，https：//www.gov.cn/gongbao/content/2020/content_5535329.htm。

二、什么是劳动教育

《大中小学劳动教育指导纲要（试行）》中明确把劳动教育定义为"发挥劳动的育人功能，对学生进行热爱劳动、热爱劳动人民的教育活动"。劳动教育是国民教育体系的重要内容，是学生成长的必要途径，具有树德、增智、强体、育美的综合育人价值。当前实施劳动教育的重点是在系统的文化知识学习之外，有目的、有计划地组织学生参加日常生活劳动、生产劳动和服务性劳动，让学生动手实践、接受锻炼、磨炼意志品质，培养学生正确的劳动价值观和良好的劳动品质。

（一）劳动教育的理论基础

劳动教育是中国特色社会主义教育制度的重要内容，直接决定社会主义建设者和接班人的劳动精神面貌、劳动价值取向和劳动技能水平，是全党全社会始终高度重视的重大教育问题。

1. 劳动教育的理论基础

劳动教育理论在教育学乃至整个人类思想史中，都占有重要的地位。作为空想社会主义开创者的托马斯·莫尔在思想史和教育史上深入探讨了劳动教育的重要性。在其代表作《乌托邦》中，莫尔强调劳动对人类的发展至关重要，并进而将教育和农耕、手艺制造等行为紧密联系起来。这也奠定了五百多年社会主义思想史发展中对劳动教育的重视。正如"三大空想社会主义者"之一的罗伯特·欧文主张的一样，要把身体劳作与大脑劳作有机地融合，鼓励每个公民都参与其中，同时也要给孩子们一个充满活力的环境，让孩子们在"脑体分离对立"中获得良好的基础，让"理想世界"中的理念得以落地。

在教育学的研究中，同样重视劳动教育的重要意义。约翰·贝勒斯深知"自然的价值标准"和"劳动学校"的重大意义，因此，他强烈倡导将智慧和实际有机地融入当时的社会当中，以达到智慧和实际的有机统一。因此，"劳动学校"旨在将智慧和实际有机地融入当时的社会当中，以促进全民的智慧和实际能力的发展。法国思想家卢梭在《爱弥儿》中指出：将智慧与身体锻炼相结合，是教育的最佳方式，因为它可以使身心得到协同发展。19世纪，瑞士教育家裴斯泰洛齐主张，劳动教育是人们实现自由的重要手段，它不仅可以让人们学习生产技能，还能锻炼他们的思想品质，从而使他们全面发展。黑格尔深知劳动的价值，因此他以其独特的视角，建立了一所以劳动教育为根基的学府，从而获得丰富的实际经历，这一切都给当时的西方社会带来了深远的影响。马卡连柯曾经主张，勤劳是创造幸福和社会发展的重要基础，也是最基本的因素之一。因此，在教学工作中，应当重视勤劳，并将其作为一种重要的素质来进行培养。通过劳动，不仅要提高学生的技术水平，更要加强对学生的道德品质的培养。[①]

马克思同样关注劳动教育思想，并对教育与生产劳动相结合的思想进行了新的科学阐释，强调了只有通过文化、劳动教育并举才能实现人类的全面提升。具体来说，马克思立足于机器大工业生产下工人被异化的劳动状态，从无产阶级的角度出发，以劳动与资本之间的矛盾统一性为基础，进行了全面而细致的探讨，分析如何有效地利用这种矛盾来获得自身利益。马克思曾指出，劳动不仅仅体现了个体的潜能，更是个体的创新，这不仅促进了资源的有效利用，更是体现个体全面成长的重要手段。将教育与劳动紧密联系在一起，不仅可以提高社会的经济效益，更可以成就一个完整的个体。马克思的劳动教育思想在很多方面都起到了作用。在资本主义社会中，劳动力被商业化，工人阶级陷于贫穷，劳资关系紧张。马克思主张，应该让劳动者成为

---

① 吴式颖等编：《马卡连柯教育文集》(下卷)，北京：人民教育出版社2005年，第528页。

主体，尊重自己的权利和义务。这种思想既有助于提高生产效率，又能够帮助无产阶级实现自己的目标，同时也有助于培养和发展个体的能力。马克思劳动观被列宁认可并进行了继承发展，列宁认为资产阶级进行教育一般是脱离实际的，在社会主义发展过程中，教育活动必须融入劳动。这一观点丰富和发展了马克思劳动观的理论与实践。

马克思主义劳动教育理论对当今世界的劳动教育理论产生了重大的影响。中国共产党人结合自身实际，不断进行探索和完善，形成了中国特色的劳动教育理论体系。

毛泽东同志深刻领略到马克思主义的教育思想，将其融合到自身的思考之中，形成了一套完整的劳动教育体系，以培养具有良好的社会主义意识的劳动者为宗旨。他运用理论和实际相结合的方法，提出勤工俭学等系列措施，以此来推进劳动教育的发展。毛泽东指出，劳动教育是将理论知识与实际结合起来的最佳途径。在1942年中央党校的开学典礼上毛泽东提出，真正的理论知识应该是从客观现象中抽取出来，并经过客观现象的验证而得出的结果。毛泽东还主张通过勤工俭学，可以缓解资金压力、减轻经济负担，从而更好地满足社会的需求。

邓小平同志十分重视教育在整个社会主义建设事业中的地位和作用。随着改革开放的推进，邓小平高度认可劳动教育的重大意义。他指出，素质教育是推进社会主义现代化进程的基础，是不可或缺的一环。只通过身体劳作来培养知识是不够的，应该通过更多的创造性的活动来扩充知识。尽管新中国成立的二三十年期间，中国的经济发展一直以身体劳作为基础，但是随着改革的深入，政府已经意识到，只有通过培养智慧和创造性的活动，才能够推动科学技术的飞速发展。1981年党中央《关于建国以来党的若干历史问题的决议》提出，应当摒弃"教育为无产阶级服务"的观点，从而使得脑力劳动得到更加广泛的认可和尊重。此外，劳动教育也发挥着不可替代的作用，这使得劳动者为社会作出的贡献也日益增加。邓小平曾经指出，只有当劳动力的技术水平和知识水平达到一定的标准时，他们的工资和福利水平才能够得到提升，从而促进社会的进步。随着邓小平对教育与生产劳动的深入探究，他首次把劳动教育纳入考核范围，并且把它的内涵、形式、时间都纳入其中。这引发了一场关于如何更好地把两者融入一个整体的热烈讨论，他倡导要把教育、劳动、技能、知识紧密联系在一起，在此基础上把它们融入一个整体，促进二者发展的同时使之成为一个完整的体系，加快整体社会发展的速度。现代经济的发展，使教育质量和效率的提升速度也越来越快，在内容上、方法上都需要不断创新，应将培养学生的劳动能力、创新精神以及培养他们的创新思维能力纳入教学计划之内，以满足当今日益增长的需求。

江泽民同志高度重视劳动教育的重要性。1999年党中央发布的《关于深化教育改革全面推进素质教育的决定》指出，将教育与社会经济活动紧密联系起来，以促进学生的综合素质的全方位发展。为此，各级各类学校应当积极采取措施，以更好地满足社会的需求，不断完善和优化学习环境。江泽民在十六大报告中提出了"尊重劳动、尊重知识、尊重人才、尊重创造"的重要方针。"四个尊重"，即以"尊重劳动"为根本，以此来推动社会的进步。江泽民在党的十六大上还强调，全面贯彻党的教育方针，坚持教育为社会主义现代化建设服务；为人民服务，与生产劳动和社会实践相结合，培养德智体美全面发展的社会主义建设者和接班人。"教育与生产劳动和社会实践结合"的思想深刻揭示出劳动对社会进步的重要性，为我们提供了一种更加全面、更加深刻的视角。

胡锦涛同志同样高度重视劳动教育问题。他强调劳动教育的重点应该放在培养青少年的劳动意识，激发他们的创新精神，培养劳动者的素质上。他强调，劳动创造了世界，劳动是人类文明进步发展的源泉。在我们社会主义国家中，尤其要使热爱劳动、勤奋劳动、尊重劳动、保护劳动蔚然成风。要尊重和保护一切有益于人民和社会的劳动，尊重和保护一切为我国社会主义现代化建设作出贡献的劳动，努力形成劳动光荣、知识崇高、人才宝贵、创造伟大的时代新风，不断增强全社会的创造活力。而要实现全面建成小康社会、进而基本实现现代化的宏伟目标，必须依靠全体人民热爱劳动、勤奋劳动，必须依靠全社会尊重劳动、保护劳动，必须使通过诚实劳动创造美好生活成为亿万人民的共同追求。在2006年提出的"八荣八耻"中，"以辛勤劳动为荣、以好逸恶劳为耻"成为人们新的荣辱观的一部分，强调了劳动人民的尊严和责任，从而引领人民共同努力，建立起一种新的、健康的荣辱观。胡锦涛指出，要在全社会大力培育和弘扬劳动光荣、知识崇高、人才宝贵、创造伟大的时代新风，让全体人民特别是广大青少年都懂得并践行劳动最光荣、劳动者最伟大的真理。胡锦涛指出，引导人们自觉履行法定义务、社会责任、家庭责任，营造劳动光荣、创造伟大的社会氛围，培育知荣辱、讲正气、作奉献、促和谐的良好风尚。2010年，在全国劳动模范和先进工作者表彰大会上，胡锦涛强调："要切实发展和谐劳动关系，建立健全劳动关系协调机制，完善劳动保护机制，让广大劳动群众实现体面劳动。"胡锦涛强调，要全面改善中国劳动者的综合素质，以促进我国和中华民族的发展，这是当今全球综合国力争夺的核心，也是促进人的全面发展的必要条件。所以，加强对中国劳动者的培训和教育，不断增强其综合能力，是推进经济社会发展的有效保障。

习近平总书记同样高度重视劳动教育，提出了一系列新理念、新要求、新论断。党的十八大以来，习近平总书记立足新时代历史方位，对劳动和劳动教育作出重要论述。第一，明确提出"努力构建德智体美劳全面培养的教育体系"的"五育"要求。2018年全国教育大会上，习近平总书记要求把劳动教育纳入培养社会主义建设者和接班人的总体要求之中，明确提出构建德智体美劳全面培养的教育体系，标志着育人方式进入"五育并举"新时代。习近平总书记多次强调要在全社会大力弘扬劳模精神、劳动精神，让劳动光荣、创造伟大成为铿锵的时代强音，让劳动最光荣、劳动最崇高、劳动最伟大、劳动最美丽蔚然成风。这是马克思主义劳动观的重大发展，也是新时代党对劳动教育的根本要求。新时代劳动教育的主要使命就是要让学生牢固确立"四个最"的劳动价值观，旗帜鲜明地反对一切不劳而获、贪图享乐、崇尚暴富的错误思想，让中华民族勤俭、奋斗、创造、奉献的劳动精神在一代又一代青少年身上发扬光大。第二，高度重视劳动模范和劳模精神。劳模精神是中国共产党人精神谱系中的伟大精神之一。习近平总书记多次指出"全社会都应该尊重劳动模范，弘扬劳模精神""劳模精神、劳动精神、工匠精神是以爱国主义为核心的民族精神和以改革创新为核心的时代精神的生动体现，是鼓舞全党全国各族人民风雨无阻、勇敢前进的强大精神动力"。党的二十大报告中，习近平总书记再次指出要"在全社会弘扬劳动精神、奋斗精神、奉献精神、创造精神、勤俭节约精神，培育时代新风新貌"。第三，重视"实干"，强调"奋斗"。劳动最主要的特点是就是实干、实践，能通过"空谈误国，实干兴邦""撸起袖子加油干""幸福都是奋斗出来的"等话语来体现，这些话语共同体现了较为核心的观点，也就是社会主义要以实干见成效。每一个中国人都怀有实现中华民族伟大复兴的中国梦，然而，梦想与现实之间的桥梁必须依赖于实践来建立。只有在劳动实践中，人们才能实现梦想。中国梦也将依赖于每个中国人的持久劳动来最终实现。新时代，中华民族屹立于世界民族之林离不开"实干"精神，只有这样的实干精神才能为未来的发展筑牢根基。习近平总书记多次重申，"勤劳是财产的来源，也是幸福的来源"，中华民族的伟大复兴必须靠每一个中华儿女的辛苦努力，不断提升生活水平，不断改善民生，不断发展壮大，不断提升社会主义核心价值观，不断推动社会主义法治建设，不断提升社会公平正义，不断改善民生，不断提升中华民族的素养。第四，强调劳动教育对"最大限度释放全社会创新创业创造动能"的作用。创新、创业、创造，基础都在于生产、实践、学习，都离不开劳动教育，劳动教育是题中应有之义。通过劳动教育，能够让学生体会劳动创造美好生活，体认劳动不分贵贱，热爱劳动，尊重普通劳动者，培养勤俭、奋斗、创新、奉献的劳动精神，具备满足生存发展需要的基本劳动能力，形成良好的劳动习惯。

2. 劳动教育的性质

作为新时代党对教育的新要求，劳动教育是中国特色社会主义教育制度的重要内容，是全面发展教育体系的重要组成部分，是大中小学必须开展的教育活动。它具有思想性、社会性、实践性的特点。

第一，劳动教育具有鲜明的思想性。马克思主义劳动观贯彻始终，强调劳动是一切财富、价值的源泉，劳动者是国家的主人，一切劳动和劳动者都应该得到鼓励和尊重；倡导通过诚实劳动创造美好生活、实现人生梦想，反对一切不劳而获、崇尚暴富、贪图享乐的错误思想。

第二，劳动教育具有突出的社会性，必须加强学校教育与社会生活、生产实践的直接联系，发挥劳动在个人与社会之间的纽带作用，引导学生认识社会，增强社会责任感；同时注重让学生学会分工合作，体会社会主义社会平等、和谐的新型劳动关系。

第三，劳动教育具有显著的实践性，必须面向真实的生活世界和职业世界，引导学生以动手实践为主要方式，在认识世界的基础上，获得有积极意义的价值体验，学会建设世界，塑造自己，实现树德、增智、强体、育美的目的。

通过劳动教育，学生不仅深入理解了马克思主义劳动观，更将其内化为自己的行动准则，牢固树立了劳动最光荣、最崇高、最伟大、最美丽的崇高理念。在亲身参与劳动实践的过程中，学生真切地感受到劳动是创造美好生活的源泉，它不分贵贱，每一位为社会发展作出贡献的普通劳动者都值得人们的尊重与赞美。

劳动教育不仅使学生掌握了基本的劳动技能，更重要的是，它培养了学生的劳动精神。学生学会了勤俭节约，明白了奋斗的价值，激发了创新的潜能。这些品质将伴随他们一生，成为他们未来成长和发展的坚实基石。

通过劳动教育，学生能够在实践中体会到劳动的乐趣和成就感，从而更加热爱劳动，尊重劳动，珍惜劳动成果。这样的教育不仅有助于学生的个人成长，也有助于他们更好地理解社会、融入社会，为社会的发展贡献自己的力量。

（二）劳动教育的目标和内容

为构建德智体美劳全面培养的教育体系，党和国家制定颁布《中共中央 国务院关于全面加强新时代大中小学劳动教育的意见》，为新时代在全国范围内开展劳动教育指明了方向。为落实党和国家关于开展劳动教育的政策要求，教育部以《大中小学劳动教育指导纲要（试行）》的形式明确了当前我国劳动教育的目标和主要内容。

1. 劳动教育的目标

劳动教育的总目标在于准确把握社会主义建设者和接班人的劳动精神面貌、劳动价值取向和劳动技能水平的培养要求，全面提高学生的劳动素养。通过劳动教育，使学生能够理解和形成马克思主义劳动观，牢固树立劳动最光荣、劳动最崇高、劳动最伟大、劳动最美丽的观念；体会劳动创造美好生活，体认劳动不分贵贱，热爱劳动，尊重普通劳动者，培养勤俭、奋斗、创新、奉献的劳动精神；具备满足生存发展需要的基本劳动能力，形成良好的劳动习惯。

第一，树立正确的劳动观念。正确理解劳动是人类发展和社会进步的根本力量，认识劳动创造人、劳动创造价值、劳动创造财富、劳动创造美好生活的道理，尊重劳动，尊重普通劳动者，牢固树立劳动最光荣、劳动最崇高、劳动最伟大、劳动最美丽的思想观念。

第二，具有必备的劳动能力。掌握基本的劳动知识和技能，正确使用常见劳动工具，增强体力、智力和创造力，具备完成一定劳动任务所需要的设计、操作能力及团队合作能力。

第三，培育积极的劳动精神。领会"幸福是奋斗出来的"的内涵与意义，继承中华民族勤俭节约、敬业奉献的优良传统，弘扬开拓创新、砥砺奋进的时代精神。

第四，养成良好的劳动习惯和品质。能够自觉自愿、认真负责、安全规范、坚持不懈地参与劳动，形成诚实守信、吃苦耐劳的品质。珍惜劳动成果，养成良好的消费习惯，杜绝浪费。

2. 劳动教育的主要内容

按照教育部《大中小学劳动教育指导纲要（试行）》的界定，当前我国劳动教育主要包括日常生活劳动教育、生产劳动教育和服务性劳动教育。日常生活劳动教育立足个人生活事务处理，结合开展新时代校园爱国卫生运动，注重生活能力和良好卫生习惯培养，树立自立自强意识。生产劳动教育要让学生在工农业生产过程中直接经历物质财富的创造过程，体验从简单劳动、原始劳动向复杂劳动、创造性劳动的发展过程，学会使用工具，掌握相关技术，感受劳动创造的价值，增强产品质量意识，体会平凡劳动中的伟大。服务性劳动教育让学生利用知识、技能等为他人和社会提供服务，在服务性岗位上见习实习，树立服务意识，实践服务技能；在公益劳动、志愿服务中强化社会责任感。

为落实劳动教育主要内容，针对不同阶段学生，劳动教育要有不同的侧重。

在小学低年级阶段，劳动教育的根基应建立在孩子们的个人生活技能上。教师要重视培养孩子们的劳动意识和安全意识，让他们明白每个人都应承担劳动的责任，感受劳动的乐趣，并学会珍视自己的劳动成果。教师可以通过教导孩子们如何整理私人物品、进行基础清洁工作以及如何为家庭清扫和垃圾分类出力，来帮助他们树立自主完成任务的观念，从而提升他们的生活自理能力。此外，班级集体活动如打扫班级卫生，能够激发孩子们的集体荣誉感。教师还可以引领孩子们照顾周围的动植物，这样既能培养他们的生命关爱意识，也能增进他们对自然的热爱。

在小学中高年级阶段，随着孩子们逐渐成长，劳动教育的焦点应逐渐转向校园与家庭中的劳动。劳动教育的目标是让孩子们体会到劳动的重要性，学会尊重每一位普通劳动者，并开始培养他们对劳动和生活的热爱。教师可以通过指导孩子们参与家务清洁、物品收纳，甚至是学习简单的烹饪，来帮助他们每年掌握一到两项新的生活技能。这不仅能够提升他们的自理能力和节俭意识，还能培养他们的家庭责任感。同时，通过让孩子们参与校园清洁、垃圾分类、环境美化等活动以及力所能及的社区环保和公共卫生劳动，可以逐渐提升他们的公共服务意识。教师还可以引导他们初步尝试种植、养殖和手工制作等生产劳动，让他们明白生活用品和食物的来之不易，从而更加珍惜劳动成果。

在初中阶段，劳动教育应更加综合，涵盖家政学习、校内外生产劳动以及服务性劳动。教师需要设计丰富的教育内容，进行职业启蒙，让孩子们理解劳动如何创造更美好的生活。通过让学生承担家庭日常清洁、烹饪和家居美化等任务，教师可以进一步培养他们的自理能力和良好习惯，并增强他们的家庭责任感。同时，定期组织校园区域的清洁和美化以及助残、敬老、扶弱等服务性活动，可以帮助他们对学校和社区树立责任意识以及形成社会公德心。此外，教师还可以引导学生体验各种手工艺和传统工艺制作活动，如金工、木工、电工、陶艺和布艺等，并尝试对家用器具、家具和电器进行简单修理以及参与种植和养殖等生产活动。这样，孩子们不仅能学到实用技能，获得初步的职业体验，还能开始规划自己的未来职业道路。

在普通高中阶段，劳动教育的重心应放在丰富学生的职业体验、开展服务性和生产性劳动上。教师需要帮助学生理解劳动的价值创造过程，通过实践锻炼他们的意志，培养他们的劳动自立意识和服务社会的精神。为了增强学生独立生活的能力，教师可以鼓励他们选择服务性岗位进行实践。这样不仅能提供真实的职业体验，培养他们的职业兴趣，还能加强他们的社会责任感和奉献精神。同时，通过参与社区建设、环保项目等公益活动或志愿服务以及自主选择生产劳动进行实践，如工业、农业、现代服务业和传统文化项目，学生可以提升自己的创造力和实践能力，并培养吃苦耐劳、精益求精的品质。这将为他们未来的职业生涯奠定坚实的基础。

对职业院校的学生来说，劳动教育应紧密结合他们的专业特点。重点在于增强他们的职业荣誉感和责任感，提升职业技能水平，并培养积极向上的劳动精神和认真负责的工作态度。通过持续开展日常生活劳动和进行自我生活管理，学生可以提升自理能力和自强意识。同时，定期开展校内外公益服务性劳动，如校园环境维护和社会服务，能够培养学生的社会公德心和爱国情怀。此外，通过实习实训参与真实的生产和服务性劳动，学生可以将所学知识应用于实践，提升职业技能和职业素养。这样的经历将帮助他们更好地规划自己的职业生涯，并坚信每一份职业都是光荣和有价值的。

对普通高等学校的学生而言，劳动教育应更加注重对马克思主义劳动观的教育，并结合创新创业和学科专业开展实践性的劳动活动。这样的教育将有助于他们积累职业经验、培养创造性的劳动能力和劳动意识。通过学习和理解马克思主义劳动观和社会主义劳动关系，学生可以树立正确的职业观念和价值观，并具备到艰苦地区工作的勇气和决心。同时，通过对日常生活劳动的锻炼，如打扫宿舍卫生等，可以提升他们的独立生活能力和自我管理能力。此外，通过参与各种社会实践活动和服务性劳动，如志愿服务和公益活动，学生可以增强社会责任感和奉献精神。而对生产劳动的锻炼和实习实训等活动，则可以提升他们在实践中发现问题和创造性解决问题的能力，为未来的职业发展打下坚实的基础。

（三）劳动教育的途径与主体

劳动教育不仅是对劳动知识、技能和能力的传授，更是对劳动价值观和劳动精神的养成与塑造。劳动教育不仅是一门立德树人的思想政治教育课程，更是一系列促进学生全面发展的立德树人活动。劳动教育的开展，要有效利用各种途径和渠道，多措并举、开拓创新；劳动教育的开展，也要调动起各方力量积极参与、同向发力。

1. 劳动教育的途径

开展劳动教育的关键在于将劳动教育纳入人才培养全过程，不断丰富、拓展劳动教育实施途径。

第一，通过独立开设劳动教育必修课开展劳动教育。在大中小学应设立劳动教育必修课程。中小学应确保每周至少有一个课时的劳动教育课程，这些课时将被精心用于策划活动、提供技能指导、实践练习以及总结交流。同时，教师要确保这些课程与通用技术以及校本课程的相关内容相辅相成。在职业院校中，教师必须重视劳动专题教育必修课的设置，其学时数不得少于16学时，课程内容应着重培养学生的劳动精神、劳模精神和工匠精神，同时让他们了解劳动组织、劳动安全和劳动法规等方面的知识。普通高等学校需要将劳动教育明确纳入人才培养方案，并确定其主要依托的课程。这可以通过在现有课程中增加劳动教育模块或开设专门的劳动专题必修课来实现，特别是在本科阶段，劳动教育的学时数应不少于32学时。在课程内容上，教师需要加强对学生马克思主义劳动观的教育，普及与学生职业发展密切相关的通用劳动科学知识，并为学生提供必要的实践体验。

第二，通过在学科专业中有机渗透劳动教育而开展劳动教育。在中小学，道德与法治、语文、历史和艺术等课程应成为宣传马克思主义劳动观的重要平台。这些课程应涵盖劳动创造人类、历史和世界等核心观点，同时引入赞美劳动模范和普通劳动者的优秀作品，深入解读勤劳、节俭和艰苦奋斗等中华民族的优良传统，从而引导学生树立正确的价值观和劳动观。此外，在数学、科学、地理、技术和体育等课程中，教师也应着重培养学生的劳动科学态度、规范意识、效率观念和创新精神。

第三，职业院校要将劳动教育全面融入公共基础课来开展劳动教育。在这一过程中，教师不仅要培养学生的马克思主义劳动观，还要普及劳动安全和劳动法规。同时，在专业课中，教师除了教授职业技能外，还应注重培养学生的职业敬业精神，如专注、耐劳和严谨等，从而为他们未来的职业生涯打下坚实的基础。这样的劳动教育将全面提升学生的职业素养和综合能力。

第四，普通高等学校要将劳动教育有机纳入专业教育、创新创业教育中开展。这需要教师持续推进产教融合，提升劳动实践的要求，并加强高校与各行业领军企业、创新型企业以及中小微企业的紧密合作，以推动人才培养模式的革新。各类专业课程应与服务学习、实习实训、科学实验、社会实践以及毕业设计等实践活动相结合，深入探索劳动教育的发展趋势，并着重培养学生的劳动品质。同时，在公共必修课程中，教师需要进一步加强对学生的马克思主义劳动观教育和对与劳动相关的法律法规与政策的教育。

第五，通过在课外校外活动中安排劳动实践开展劳动教育。教师应将这些活动与学生的个人生活、校园生活以及社会生活紧密结合，从而丰富学生的劳动体验，提升他们的劳动能力，并深化他们对劳动价值的理解。对中小学生，学校规定了每周的课外活动和家庭生活中的劳动时间，小学低年级不少于 2 小时，高年级则不少于 3 小时。职业院校和普通高等学校也需明确学生日常生活中的劳动事项和时间，并将其纳入学生的日常管理体系。此外，各级学校每年都会设立劳动周，通过专题讲座、主题演讲、劳动技能竞赛、劳动成果展示以及劳动项目实践等多种形式进行劳动教育。特别是在高等学校，还可以安排劳动月活动，以集中实现各学年的劳动教育要求。

第六，通过在校园文化建设中强化劳动文化开展劳动教育。学校应将对劳动习惯和劳动品质的培养融入校园文化之中。这可以通过制定劳动公约、设定每日劳动常规和学期劳动任务单等方式实现。同时，学校还可以结合各种节日和纪念日，开展丰富多彩的劳动主题教育活动，以营造尊重劳动、崇尚创新的校园文化氛围。此外，学校还应邀请劳动模范、工匠大师以及优秀毕业生等榜样人物进校园，组织对劳动技能和成果的展示活动，并通过各种渠道广泛宣传他们的先进事迹。这样，师生们可以在校园里近距离地接触到劳动模范，聆听他们的奋斗故事，观摩他们的精湛技艺，从而深刻感受和领悟勤勉敬业的劳动精神，努力成为新时代的奋斗者。

在开展劳动教育过程中，要从提高劳动教育效果的角度出发，把握劳动教育任务的特点，抓住关键环节，选择适宜的劳动教育方式。

其一，讲解说明环节不容忽视。在劳动教育的过程中，教师的首要任务是阐释"劳动的本质"与"劳动的重要性"。这要求教师对学生进行详尽而周密的讲解，以助他们深刻领会劳动的内在意义和社会价值。教师必须向学生传达这样的观念：劳动不仅是为了谋生，更是实现自我价值和对社会作出贡献的一种方式。同时，加强对学生劳动观念、劳动纪律和劳动法律知识的正面引导至关重要，教师应明确指出轻视劳动，尤其是对普通劳动的轻视所带来的危害。这将有助于学生树立正确的价值观和劳动观，提升他们的是非辨别能力。此外，教师还需加强对劳动知识技能的教育，使学生能够明晰事物的原理，掌握实践操作的基本法则、程序和规矩以及正确使用工具的技巧和方法。在讲解过程中，应将启发思考、示范演示和实际操作相结合，以帮助学生更好地理解和应用所学知识。

其二，淬炼操作技能至关重要。在劳动教育中，教师既要传授劳动的理论知识，更要着重培养学生的实际劳动能力。因此，教师必须注重示范教学与实战练习的紧密结合，让学生在亲身实践中逐步掌握劳动技能。同时，应强化学生的规范操作意识，从最基本的操作步骤入手，严格遵守操作规程，杜绝主观臆断和随意行事。在劳动实践中，还应着重培养学生的质量意识，引导他们关注每一个细节，确保每一个步骤和环节都精确无误。此外，教师还应注重培育学生的专注力，教导他们如何评估与监控自己的操作行为，力求做到眼快手准，心思缜密。

其三，项目实践是提升劳动能力的关键。为了切实提高学生的劳动能力，教师应安排他们参与真实且综合性的任务，体验完整的劳动流程。在项目实践中，教师应注重学生对劳动价值的感悟与认识，引导他们从日常生活中发现需求并选定合适的劳动项目。同时，强化学生的规划与设计能力也至关重要，教师要充分发挥学生的主观能动性、积极性和创造性，指导他们对项目进行整体构思并综合运用所学知识和技能来不断优化实施方案。在项目实践中还应锻炼学生的意志品质，鼓励他们勇于面对困难和挑战并坚持完成任务。

其四，反思与交流是劳动教育的重要环节。在劳动教育告一段落后教师应引导学生进行深入的反思与交流以促进他们养成定期反思与交流的习惯。教师要指导学生思考劳动过程与成果同社会进步和个人成长之间的联系，避免他们仅停留在表面的苦乐体验上。通过组织学生分享各自的劳动体验和收获，教师可以肯定他们积极的认识并纠正他们在思想观念上的偏差。同时教师要将反思与交流同实际改进相结合，以使学生在劳动实践中不断成长与进步。

其五，榜样激励是激发学生劳动热情的有效手段。为了点燃学生的劳动激情，教师要围绕劳动的精神内核来树立学习典范。在选择榜样时要注重多样性和亲近感，不仅应包含杰出的工匠、劳动模范等人物，还应包括身边表现优异的普通劳动者和同学。通过引导学生从榜样的具体事迹中汲取精神力量和优秀品质，教师可以激励学生在日常的劳动实践中努力向榜样靠拢。这种通过榜样进行激励的方式将有助于学生塑造正确的劳动观念和积极向上的劳动态度。

2．开展劳动教育的主体

开展劳动教育，需要学校、家庭乃至全社会的力量共同参与，探索形成具有中国特色的大劳动教育工作格局。

第一，学校要发挥在劳动教育中的主导作用。学校是劳动教育的实施主体，要切实承担劳动教育主体责任，明确实施机构和人员，开齐开足劳动教育课程，不得挤占、挪用劳动实践时间。作为劳动教育的实施主体，学校要根据国家相关规定，结合当地和本校实际情况，对劳动教育进行整体设计、系统规划，形成劳动教育总体实施方案。方案要明确劳动教育的目标内容、课时安排、主要劳动实践活动安排、劳动教育过程组织与指导及考核评价办法等。同时，学校要基于学生的年段特征、阶段性教育要求，研究制订"学校学年（或学期）劳动教育计划"，对学年、学期劳动教育实践活动作出具体安排，特别是规划好劳动周，细化有关要求。应使总体实施方案和学年（或学期）活动计划相互配套、衔接，形成可持续开展的劳动教育实施方案。学校在劳动教育规划时要注意处理以下几个方面的关系：一是理论学习和实践锻炼的关系。理论学习和实践锻炼都是劳动教育的必要内容。理论学习重在让学生理解和掌握"劳动创造了人本身""劳动创造世界"

等历史唯物主义基本理论主张以及与劳动相关的法律、法规、政策，并将其作为行动的指南。实践锻炼重在将所学知识转化为真正有用的实际本领，形成良好的劳动习惯，弘扬劳动精神。规划劳动教育时，要两者兼顾，坚持以实践锻炼为主，切实保证每一个学生都有必要的劳动实践经历，不能只是口头上喊劳动、课堂上讲劳动。教师要让学生通过实践前的计划构想、实践中的观察思考和实践后的反思交流，加深其对有关思想理论、法规政策的理解，实现理论学习和实践锻炼的统一。二是劳动教育与其他教育活动的关系。职业院校、普通高等学校劳动教育中学生的生产劳动和服务性劳动可以通过专业实习、实训、创新创业等实践环节完成，日常生活劳动可以通过学生管理落实。三是劳动的传统形态与新形态的关系。在安排生产劳动和服务性劳动项目时，中小学要以使用传统工具、传统工艺的劳动为主，引导学生体会劳动人民的艰辛与智慧，传承中华优秀传统文化，兼顾使用新知识、新技术、新工艺、新方法的劳动。职业院校、普通高等学校要注重结合产业新业态、劳动新形态，选择现代农业、工业、服务业项目，提升学生的创造性劳动能力。

第二，家庭要发挥在劳动教育中的基础作用。家庭是人生第一所学校，也应该成为劳动教育的第一所学校。父母要抓住衣食住行等日常生活中的劳动实践机会，鼓励孩子自觉参与、自己动手，随时随地、坚持不懈进行劳动，掌握洗衣做饭等必要的家务劳动技能，每年有针对性地学会 1～2 项生活技能，也要鼓励孩子利用节假日参加各种社会劳动。此外，家庭要树立崇尚劳动的良好家风，家长要通过日常生活的言传身教、潜移默化，让孩子养成从小爱劳动的好习惯。一个家族的发展理念往往是通过这个家族的家风来体现的，家风是家庭成员道德水平的体现，更是一个家族的风尚。良好的家风具有促进家庭和平幸福、带动社会发展、服务国家和人民的重要作用，与社会主义核心价值观紧密相连，密不可分。由此可见，在塑造一个家族的家风时要着重传承中华优秀传统文化，从中获取精神力量。中华优秀家风文化最核心的理念就是"勤"与"俭"，其中"勤"是勤劳，就是热爱劳动，是家庭劳动教育的内核所在，是衡量一个人德行好坏的重要指标。勤俭是个人修为、家庭氛围向好的重要因素，表现为珍惜他人劳动成果，学会勤俭持家。勤俭持家是中华民族优良传统，是中华民族几千年来生生不息的关键。家风教育和弘扬勤俭持家的精神在学生成长中有着举足轻重的作用，一方面可以让其养成良好的习惯，养成勤俭节约的优秀道德修养；另一方面能够帮助其形成正确的劳动价值观和正确的健康的消费观，避免浪费、过度消费，根绝不劳而获的错误观念。在这一过程中，家长要注重发挥榜样作用。家长应通过身体力行做一些家务为学生树立榜样，向学生传输热爱劳动、尊重劳动、热爱工作岗位的价值观念，向学生传达平等对待体力劳动和脑力劳动的理念，以实际行动来进行思想政治教育。作为父母要勤于思考如何利用自己家长这一身份特性，在日常生活中发挥好榜样作用，做学生的表率，与子女共同参与劳动实践活动，要积极正向引导使其形成正确的劳动观。从而让学生将"劳动最光荣，劳动最美丽"的意识厚植于内心深处，让其在向家长学习时能深刻体会到劳动的美丽与劳动能为个人、为家庭所带来的幸福快乐。

第三，社会要发挥在劳动教育中的支持作用。学校应充分利用社会各方面资源，为劳动教育提供必要保障。地方各级党委要认真贯彻执行国家关于劳动教育的大政方针和决策部署，以政府文件形式明确各方面的劳动教育责任，从战略全局的高度突出问题导向，结合地方实际情况和区域特色制定切实可行、具体可操作的指导方案，将劳动教育列为重点工作并予以大力支持和有序统筹推进实施，做到真研究、真重视、真保障。各级政府部门要积极协调和引导企业公司、工厂农场等组织履行社会责任，开放实践场所，支持学校组织学生参加力所能及的生产劳动、参与新型服务性劳动，使学生与普通劳动者一起经历劳动过程。工会、共青团、妇联等群团组织以及各类公益基金会、社会福利组织要组织动员相关力量、搭建活动平台，共同支持学生深入城乡社区、福利院和公共场所等参加志愿服务，开展公益劳动，参与社区治理。其中，共青团要将思想政治引领与大学生劳动教育深度融合，坚持"突出主题引领、深化节日引领、强化典型引领"的劳动教育体系，将劳动教育润物无声地融入共青团活动中，以五一劳动节、学雷锋纪念日等关键时间节点作为开展劳动教育活动的重要契机，加强对劳动模范和先进工作者中青年身影的宣传工作，在全社会建立青年劳动模范档案，增强对青年劳模和先进典型的人文关怀，从而激发广大青年群体的劳动活力与劳动热情，增强其对劳动教育的情感认同，凝聚广大青年生力军的智慧和力量，团结带领广大青年主动作为、直面困难，用奋斗成就青春梦，助力国家富强、民族振兴。工会组织要利用自身特点与优势积极发挥作用，进一步弘扬劳动精神、劳模精神、工匠精神，增强劳模典型的生命力、感染力和影响力，引导青年大学生树立辛勤劳动、诚实劳动、创造性劳动的理念；也要加强与有关部门的沟通合作，充分发挥协同育人作用，在全国范围内建设劳模育人示范基地，扩大劳模教育覆盖面，鼓励一线劳模和先进典型走进校园、走上讲台，进而推动大学生劳动教育广泛深入持久开展。主流媒体也要积极发挥舆论影响力，结合习近平总书记重要讲话精神和劳动教育的时代意义，开展舆论引导工作，突出报道不同的劳动形式以及劳模典型事迹、具有高尚道德情操和境界的榜样事迹，尤其要突出报道青年劳动者对国家和社会所作的重大贡献，将劳动价值观教育蕴含在优秀文化作品中，以大学生喜闻乐见的形式引起情感共鸣，为大学生提供正确的价值引领并切实地将劳动教育内化于心、外化于行，从而促进全社会形成热爱、尊重劳动和劳动者的文化场域。

三、新时代大学生劳动教育

大学生劳动教育是以大学生为教育主体，着重针对大学生这一研究对象开展的劳动教育。大学生劳动教育既要适应大学生群体的需求，又要展现区别于劳动教育自身的独特价值。大学生劳动教育与中小学的劳动教育有明显差别，其培养要求更高。它具有更高的思想性要求。大学生劳动教育是要贯彻和落实马克思主义劳动观，理解社会主义社会的劳动关系，强调劳动对国家前途、社会发展、个人成长的重要作用。劳动能创造财富与价值，能够实现美好生活的奋斗目标，大学生劳动教育鼓励大学生在劳动实践中树立正确的择业就业观念，提升就业择业本领。它具有更高的社会性要求。大学生劳动教育不是局限于学校之中，而是与社会息息相关、紧密相连。大学生劳动教育要主动加强与政府、社会组织和团体、企业等的密切联系，让大学生在社会实践劳动中体悟劳动关系，感悟攻坚克难、甘于奉献的劳动精神，为社会主义建设贡献力量，增强大学生的社会责任感。它具有更高的实践性要求。大学生劳动教育归根结底要引导大学生亲身参与、亲自动手实践，提升自身基本的劳动能力，养成良好的劳动习惯，推动大学生在生产活动和创新创业的服务性活动中锤炼劳动技能，创造劳动成果，让大学生在劳动中增长本领、经受锻炼。这种实践性劳动教育需要更加专业的课程、团队、设备和制度保障。

（一）当前大学生劳动教育存在的问题

劳动教育对帮助大学生坚定理想信念、促进全面发展等有着重要作用。但过去一段时期，大学生劳动教育工作的开展方面也是存在一定的问题的。

第一，过去一段时期对大学生劳动教育缺乏应有的重视。长期以来，劳动教育由于学科划分问题和归属问题，在高校人才培养体系中未能得到充分重视。近年来，党和国家越来越重视劳动教育，劳动教育在高校人才培养中的地位明显上升，但仍存在着"智育重、劳育轻"等问题，主要体现在以下几个方面。一是高校对劳动教育的重视程度不够。目前只有部分高校将劳动教育设置为独立课程，制定了具体的教学方案。大多数高校对劳动教育的重视程度不够，从管理者、教师到学生普遍都认为劳动教育只是劳动实践和劳动技术教育，并且劳动教育的内容少，教学时间短，相较于智育，其重视程度远远不够。二是大学生劳动教育软硬件配置薄弱，高校普遍缺乏理论基础和专业素养过硬的劳动教育专任教师。个别高校甚至没有专任的劳动教育教师，而是由思政课教师、部分专业课教师或聘请社会人士兼职。三是高校在劳动教育经费方面的投入不足，缺乏开展劳动教育所需要的实践场所、体验场地、劳动设施等，薄弱的硬件设施影响了大学生劳动教育的质量，使得学生无法深刻体验劳动教育的魅力。

第二，过去一段时期某些大学的大学生劳动教育存在功利化、娱乐化倾向。目前，劳动教育在价值取向层面出现了部分问题，背离了劳动教育的初衷和本质。一是部分高校开展劳动教育时重形式而轻内容，内容设置、考核方法单一，只关注学生是否参与了劳动而忽略了在劳动过程中的思想感悟和知识获取。部分高校只是组织学生参观劳动，而教师也只是考核学生是否完成了劳动教育任务。二是部分高校在开展大学生劳动教育时，常常用劳动教育活动替代大学生劳动教育课程。以上问题严重影响了劳动教育增智、树德、强体、育美的综合育人价值。

第三，过去一段时期大学生劳动教育存在简单化、碎片化现象。劳动教育有着十分丰富的内涵和内容体系，在德智体美劳"五育"并举教育格局中占据着重要地位。然而，部分高校在开展劳动教育时存在着内容简单化、碎片化的问题。一是新时代大学生劳动教育应该在对劳动认识、态度、品质和精神等方面有深刻认识和较高要求，但是部分高校在开展大学生劳动教育时未能很好地体现这些认识和要求，制定的劳动教育内容忽视了学生的思想认识和知识认知，只是进行简单的体力劳动、低水平的劳动，没有引发学生对劳动精神的思考和对劳动价值的深刻理解。二是部分高校将生产劳动、公益劳动，甚至将家务劳动理解为大学生劳动教育，以上活动彼此之间缺乏科学的逻辑关系，不利于发挥大学生劳动教育的育人导向。

第四，过去一段时期大学生劳动教育资源的开发和使用不足。高校开展大学生劳动教育要充分发挥学校、家庭、社会的合力，为大学生劳动教育的开展提供良好的资源和平台。目前，大学生劳动教育资源的开发和利用不足阻碍了劳动教育应有功能的发挥。一是高校未能充分利用自身资源。高校有着一定数量的勤工俭学及校园有偿劳动服务岗位，目前这些岗位未能充分整合，大学生缺少参与的机会，同时高校还有部分实习岗位也未被充分利用，使得学生难以得到有效的劳动教育锻炼。二是高校未能充分利用校外资源，劳动教育仅局限于校内资源是远远不够的，高校应打破局限，进一步挖掘校外劳动教育资源，充分利用社区、企业和校企合作单位的劳动教育资源平台。由于劳动教育观念落后和合作机制不够完善等原因，校外劳动教育资源未得到最大限度的开发利用。三是劳动模范是劳动群众的杰出代表，是最美的劳动者，他们有着丰富的劳动经验和劳动感悟，这些经历和感悟能很好地吸引大学生积极参与劳动实践，但目前由于缺乏合作平台，也未能充分发挥其应有的示范带头作用。

（二）进一步推进大学生劳动教育的重点方向

开展新时代大学生劳动教育，宏观上要从建立完善的课程体系、加强师资队伍建设、创新教学模式和评价机制等方面重点着力，以提高劳动教育的质量和效果，为国家发展培养更多的应用型人才。

第一，建立完善的劳动教育课程体系。高校应该根据不同专业的特点，建立符合实际需求的劳动教育课程体系。构建完善的劳动教育课程体系，应包括理论课程和实践课程。理论课程主要通过线上教学进行，内容包括劳动精神、劳模事迹等，旨在提高大学生对劳动教育的认识和理解。实践课程则以线下为主，开展日常生活劳动教育、生产劳动教育和服务性劳动教育。在课程研究方面，要加强学习和研究关于劳动教育理论成果的论述，并编写相关教材。在理论课程方面，可以分为通识性的劳动教育课程和融合性的劳动教育课程两类。通识性的劳动教育课程包括劳动教育基础、职业生涯规划、劳动法等内容；融合性的劳动教育课程则融合思政、专业基础课程、美育、体育等内容。同时，还应该明确劳动教育的内容、要求、考核方式和学分，并在讲授理论课程时注重创新教学方式，增加其理论性和趣味性。在实践课程方面，课程可以分为基础性日常劳动、专业课程劳动和社会服务型劳动。基础性日常劳动包括定期评选"十佳寝室"、设立勤工助学岗位等；结合中华优秀传统文化，开设手工创意实践课等活动。专业课程劳动主要包括见习、实习、课程见习、专业调查、社会调查等，并结合各大专业的特点开展特色劳动。社会服务型劳动主要包括志愿活动和生产、生活性活动等，并为大学生培养良好的劳动素养以及为他人服务、为社会服务的情怀提供了平台。为了实现共同劳动育人的优质效果，还应该对接企业、社区等平台建立劳动教育基地，并合理组织学生参加日常生活劳动、生产劳动以及服务性劳动。

　　第二，加强师资队伍建设。高校应该加强对劳动教育教学团队的建设，引进具有丰富实践经验和专业知识的教师，提高教学质量。教务部门可以成立公共劳动教育教研室，明确教学内容、教学计划和教学要求等，统一安排全校的劳动教育课程，并建设一支由校内专业教师（专业教师和思政教师）和校外兼职教师（能工巧匠、劳动模范、企业人员）组成的师资队伍，与劳动教育基地相对接，推动劳动教育深入开展，这样可以有效地传授劳动教育理论知识，指导劳动教育实践活动，并形成"三全育人"的新格局。此外，劳动教育师资队伍的质量和效益关乎劳动教育培养的效果。

第三，创新劳动教育教学模式。高校应该探索多种形式的劳动教育教学模式，如线上教学、线下实践、实习实训等，以满足不同学生的需求。同时，要注重培养学生的实践能力和创新精神，提高他们的综合素质。可打造校内劳动教育的实践平台，实现劳动教育与学生日常学习、勤工助学、校园文化建设相结合。各高校可提供平台和岗位，将理论知识与实践体验相结合，激发学生的劳动积极性。同时，还应该扩展校外劳动教育平台，结合专业开展社会实践活动，并与校企合作产教研平台对接，搭建劳动教育实践平台。此外，还应打造稳定的实践项目和活动，形成长效机制，以提升大学生在专业性、服务性劳动实践中的个人素养，促进劳动育人工作的常态化。另外，高校还需要与企业、社区对接合作，共建劳动教育基地、勤工助学岗位、实习实训基地等平台，提升学生的劳动能力和实践素养。大学生可利用寒暑假去生产一线直接参与生产培训，集中开展"三下乡、四进社区"等活动，开展社会调查、志愿服务等。高校还可以搭建劳动教育网络平台，利用网络资源整合劳动教育资源，利用信息技术手段构建高校劳动教育共享服务平台，经过数据匹配实现资源共享；也可将理论创新、经典案例、典型问题上传，由专业团队解答应对；还可以开展跨时空的开放式劳动实践，使基地与学校可以通过线上对接、线下实践的方式进行合作，基地与学校共同孵化并构建一体化的劳动教育基地和劳动教育信息平台，以实现各类资源的高度集中和充分利用。

第四，建立科学的劳动教育评价机制。高校应该建立科学的劳动教育评价机制，将劳动素养纳入学生综合素质评价体系中。评价内容应该多元化、层次化、指标化，注重过程性评价和结果性评价相结合。同时，要建立完善的激励机制，鼓励学生积极参与劳动教育活动。劳动教育评价应该落实"三全育人"评价机制，明确评价主体并确定科学的评价方法，特别是应加强主体评价和过程性评价。具体而言，可以通过网络信息技术来使用课程评价小程序，该程序包含课程任务发布、上下课定位打卡、课程活动拍照上传、图片和文字总结、课堂同学及教师实时监督打分、劳动总结及成果转化上传展示等功能，以解决劳动教育全程的评价监督问题。高校应构建以学生为核心的多元化评价体系。评价内容应多元化、层次化、指标化，涉及劳动态度、劳动精神、劳动习惯、劳动技能以及劳动成果等方面；评价目标应具有科学性；评价体系应具有多元性、系统性和可操作性，并纳入综合素质测评体系中，适当增加物质奖励和荣誉奖励，如与评优评先和劳动专项奖学金相结合，将书面测试理论掌握和劳动实践成果与心得交流相结合考察；评价主体应自评与他评相结合，并由专业的劳动教师对组织纪律、劳动态度、劳动质量三方面进行评价。

拓展阅读

拓展阅读I：恩格斯《劳动在从猿到人转变过程中的作用》原文节选，选自《马克思恩格斯全集》第二十卷。

劳动在从猿到人转变过程中的作用

——弗里德里希·恩格斯

政治经济学家说：劳动是一切财富的源泉。其实劳动和自然界一起才是一切财富的源泉，自然界为劳动提供材料，劳动把材料变为财富。但是劳动还远不止如此。它是整个人类生活的第一个基本条件，而且达到这样的程度，以致我们在某种意义上不得不说：劳动创造了人本身。

在好几十万年以前，在地质学家叫作第三纪的地球发展阶段的某个还不能确切肯定的时期，据推测是在这个阶段的末期，在热带的某个地方——大概是现在已经沉入印度洋底的一片大陆，生活着一种特别高度发展的类人猿。达尔文曾经向我们大致地描述了我们的这些祖先：它们满身是毛，有须和尖耸的耳朵，成群地生活在树上。

这些猿类，大概首先由于它们的生活方式的影响，使手在攀援时从事和脚不同的活动，因而在平地上行走时就开始摆脱用手帮助的习惯，渐渐直立行走。这就完成了从猿转变到人的具有决定意义的一步。

现在还活着的一切类人猿，都能直立起来并且单凭两脚向前移动。但是它们只是在迫切需要的时候才这样做，并且非常不灵便。它们自然的走法是半直立的姿势，而且需要用手来帮助。大多数的类人猿是以捏成拳头的手的指节骨支撑在地上，两脚蜷起，使身体穿过长臂之间前进，就象跛子撑着两根拐杖行走一样。一般讲来，我们现在还可以在猿类中间观察到从四肢行走到两脚行走的一切过度阶段。但是一切猿类都只是在不得已的时候才用两脚行走。

如果说我们遍体长毛的祖先的直立行走，一定是首先成为惯例，而后来才渐渐成为必然，那末必须有这样的前提：手在这个时期已经愈来愈多地从事于其他活动了。在猿类中，手和脚的运用已经有了某种分工。正如我们已经说过的，在攀援时手和脚是有不同用途的。手主要是用来摘取和拿住食物，就象比较低级的哺乳动物用前掌所作的那样。有些猿类用手在树林中筑巢，或者象黑猩猩一样在树枝间搭棚以避风雨。它们用手拿着木棒抵御敌人，或者以果实和石块向敌人投掷。它们在被捉住以后用手做出许多简单的模仿人的动作。但是，正是在这里我们看到：在甚至和人最相似的猿类的不发达的手和经过几十万年的劳动而高度完善化的人手之间，有多么巨大的差别。骨节和筋肉的数目和一般排列，在两种手中是相同的，然而即使最低级的野蛮人的手，也能做几百种为任何猿手所模仿不了的动作。没有一只猿手曾经制造过一把哪怕是最粗笨的石刀。

因此，我们的祖先在从猿转变到人的好几十万年的过程中逐渐学会了使自己的手适应于一些动作，这些动作在开始时只能是非常简单的。最低级的野蛮人，甚至那种可以认为已向更加近似兽类的状态倒退而同时身体也退化了的野蛮人，也总还是远远高出于这种过渡期间的生物。在人用手把第一块石头做成刀子以前，可能已经经过很长很长的一段时间，和这段时间相比，我们所知道的历史时间就显得微不足道了。但是具有决定意义的一步完成了：手变得自由了，能够不断地获得新的技巧，而这样获得的较大的灵活性便遗传下来，一代一代地增加着。

所以，手不仅是劳动的器官，它还是劳动的产物。只是由于劳动，由于和日新月异的动作相适应，由于这样所引起的肌肉、韧带以及在更长时间内引起的骨骼的特别发展遗传下来，而且由于这些遗传下来的灵巧性以愈来愈新的方式运用于新的愈来愈复杂的动作，人的手才达到这样高度的完善，在这个基础上它才能仿佛凭着魔力似地产生了拉斐尔的绘画、托尔瓦德森的雕刻以及帕格尼尼的音乐。

但是手并不是孤立的。它仅仅是整个极其复杂的机体的一个肢体。凡是有利于手的，也有利于手所服务的整个身体，而且这是从两方面进行的。

首先是由于达尔文所称的生长相关律。依据这一规律，一个有机生物的个别部分的特定形态，总是和其他部分的某些形态相联系的，虽然在表面上和这些形态似乎没有任何关联。例如，一切具有无细胞核的红血球并以两个骨节（颞骨）来联结后脑骨和第一节脊椎骨的动物，无例外地都有乳腺来哺养幼子。同样地，哺乳动物中的偶蹄通常是和那用来反刍的复杂的胃囊相联系的。身体某一部分的形态的改变，总是引起其他部分的形态的改变，虽然我们还不能解释这种联系。蓝眼睛的纯白猫总是或差不多总是聋的。人手的逐渐灵巧以及与此同时发生的脚适应于直立行走的发展，由于这种相关律，无疑地也要反过来作用于机体的其他部分。但是这种作用现在还研究得太少，所以我们在这里只能作一般的叙述。

更重要得多的是手的发展对其余机体的直接的、可证明的反作用。正如我们已经说过的，我们的猿类祖先是一种社会化的动物，人，一切动物中最社会化的动物，显然不可能从一种非社会化的最近的祖先发展而来。随着手的发展、随着劳动而开始的人对自然的统治，在每一个新的进展中扩大了人的眼界。他们在自然对象中不断地发现新的、以往所不知道的属性。另一方面，劳动的发展必然促使社会成员更紧密地互相结合起来，因为它使互相帮助和共同协作的场合增多了，并且使每个人都清楚地意识到这种共同协作的好处。一句话，这些正在形成中的人，已经到了彼此间有些什么非说不可的地步了。需要产生了自己的器官：猿类不发达的喉头，由于音调的抑扬顿挫的不断加多，缓慢地然而肯定地得到改造，而口部的器官也逐渐学会了发出一个个清晰的音节。

语言是从劳动中并和劳动一起产生出来的，这是唯一正确的解释，拿动物来比较，就可以证明。动物之间，甚至在高度发展的动物之间，彼此要传达的东西也很少，不用分音节的语言就可以互相传达出来。在自然状态中，没有一种动物感觉到不能说或不能听懂人的语言是一种缺陷。如果它们经过人的驯养，情形就完全不同了。狗和马在和人的接触中所养成的对于分音节的语言的听觉是这样敏锐，以致它们在自己的想象所及的范围内，能够容易地学会懂得任何一种语言。此外，它们还获得了如对人依恋、感谢等等表现感情的能力，而这种能力是它们以前所没有的。和这些动物常接触的人不能不相信：这些动物现在常常感觉到不能说话是一种缺陷。不过可惜它们的发音器官已经向一定的方向专门发展得太厉害了，所以无论如何这种缺陷是补救不了的。但是，只要有了发音器官，这种不能说话的情形，在某种限度内是可以克服的。鸟的口部器官和人的口部器官肯定是根本不同的，然而鸟是唯一能学会说话的动物，而且在鸟里面是具有最讨厌的声音的鹦鹉说得最好。我们别再说鹦鹉不懂得它自己所说是什么了。它一连几小时唠唠叨叨地反复说它那几句话，的确是出于它十分喜欢说话和喜欢跟人往来。但是在它的想象所及的范围内，它也能学会懂得它所说的是什么。如果我们把骂人的话教给鹦鹉，使它能够想象得到这句话的意思（这是从热带回来的水手们的一种主要娱乐），然后惹它发怒，那末我们马上会看到：它会象柏林沿街叫卖蔬菜的女人一样正确地使用它的骂人的话。它在乞求好吃的东西时，情况也是这样。

首先是劳动，然后是语言和劳动一起，成了两个最主要的推动力，在它们的影响下，猿的脑髓就逐渐地变成人的脑髓；后者和前者虽然十分相似，但是就大小和完善的程度来说，远远超过前者。在脑髓进一步发展的同时，它的最密切的工具，即感觉器官，也进一步发展起来了。正如语言的逐渐发展必然是和听觉器官的相应完善化同时进行的一样，脑髓的发展也完全是和所有感觉器官的完善化同时进行的。鹰比人看得远得多，但是人的眼睛识别东西却远胜于鹰。狗比人具有更锐敏得多的嗅觉，但是它不能辨别在人看来是各种东西的特定标志的气味的百分之一。至于触觉（猿类刚刚有一点儿最粗糙的萌芽），只是由于劳动才随着人手本身的形成而形成。

由于手、发音器官和脑髓不仅在每个人身上，而且在社会中共同作用，人才有能力进行愈来愈复杂的活动，提出和达到愈来愈高的目的。劳动本身一代一代地变得更加不同、更加完善和更加多方面。除打猎和畜牧外，又有了农业，农业以后又有了纺纱、织布、冶金、制陶器和航行。同商业和手工业一起，最后出现了艺术和科学；从部落发展成了民族和国家。法律和政治发展起来了，而且和它们一起，人的存在在人脑中的幻想的反映——宗教，也发展起来了。在所有这些首先表现为头脑的产物并且似乎统治着人类社会的东西面前，由劳动的手所制造的较为简易的产品就退到了次要的地位；何况能计划怎样劳动的头脑在社会发展的初级阶段（例如，在原始的家庭中），已经能不通过自己的手而是通过别人的手来执行它所计划好的劳动了。迅速前进的文明完全被归功于头脑，归功于脑髓的发展和活动；人们已经习惯于以他们的思维而不是以他们的需要来解释他们的行为（当然，这些需要是反映在头脑中，是被意识到的）。这样，随着时间的推移，便产生了唯心主义的世界观，这种世界观，特别是从古代世界崩溃时起，就统治着人的头脑。它现在还非常有力地统治着人的头脑甚至达尔文学派的最富有唯物精神的自然科学家们还弄不清人类是怎样产生的，因为他们在唯心主义的影响下，没有认识到劳动在这中间所起的作用。

一句话，动物仅仅利用外部自然界，单纯地以自己的存在来使自然界改变；而人则通过他所作出的改变来使自然界为自己的目的服务，来支配自然界。这便是人同其他动物的最后的本质的区别，而造成这一区别的还是劳动。

但是我们不要过分陶醉于我们对自然界的胜利。对于每一次这样的胜利，自然界都报复了我们。每一次胜利，在第一步都确实取得了我们预期的结果，但是在第二步和第三步却有了完全不同的、出乎预料的影响，常常把第一个结果又取消了。美索不达米亚、希腊、小亚细亚以及其他各地的居民，为了想得到耕地，把森林都砍完了，但是它们梦想不到，这些地方今天竟因此成为荒芜不毛之地，因为他们使这些地方失去了森林，也失去了积聚和贮存水分的中心。阿尔卑斯山的意大利人，在山南坡砍光了在北坡被十分细心地保护的森林，他们没有预料到，这样一来，他们把他们区域里的高山牧畜业的基础给摧毁了；他们更没有预料到，他们这样做，竟使山泉在一年中的大部分时间内枯竭了。而在雨季又使更加凶猛的洪水倾泻到平原上。在欧洲传播栽种马铃薯的人，并不知道他们也把瘰疬症和多粉的块根一起传播过来了。因此我们必须时时记住：我们统治自然界，决不象征服者统治异民族一样，决不象站在自然界以外的人一样，——相反地，我们连同我们的肉、血和头脑都是属于自然界，存在于自然界的；我们对自然界的整个统治，是在于我们比其他一切动物强，能够认识和正确运用自然规律。

但是要实行这种调节，单是依靠认识是不够的。这还需要对我们现有的生产方式，以及和这种生产方式连在一起的我们今天的整个社会制度实行完全的变革。

到目前为止存在过的一切生产方式，都只在于取得劳动的最近的、最直接的有益效果。那些只是在以后才显现出来的、由于逐渐的重复和积累才发生作用的进一步的结果，是完全被忽视的。原始的土地公有制，一方面适应于眼界完全局限于眼前事物的人们的发展程度，另一方面则以可用土地的一定剩余为前提，这种剩余的土地提供了一定的活动余地来对付这种原始经济的不虞的灾祸。剩余的可用土地用尽了，公有制也就衰落了。而一切较高的生产形式，都导致居民的分为不同的阶级，因而导致统治阶级和被压迫阶级之间的对立；因此，只要生产不局限于被压迫者的最必需的生活用品，统治阶级的利益就成为生产的推动因素。在西欧现今占统治地位的资本主义生产方式中，这一点表现得最完全。支配着生产和交换的一个一个的资本家所能关心的，只是他们的行为的最直接的有益效果。不仅如此，甚至就连这个有益效果本身——只就所制造的或交换来的商品的效用而言——也完全退居次要地位了；出售时要获得利润，成了唯一的动力。

拓展阅读Ⅱ：《吉林省教育厅关于全面加强新时代大中小学劳动教育的实施意见》。

吉林省教育厅关于全面加强新时代大中小学劳动教育的实施意见

各市（州）教育局，长白山管委会教育科技局，梅河口市教育局，各高等学校：

为深入贯彻落实《中共中央 国务院关于全面加强新时代大中小学劳动教育的意见》（中发〔2020〕7号），充分发挥劳动教育在全面育人中的重要作用，构建德智体美劳全面培养的教育体系，结合我省实际，现就加强新时代大中小学劳动教育提出如下实施意见。

一、准确把握劳动教育的指导思想和工作目标

1. 指导思想。坚持以习近平新时代中国特色社会主义思想为指导，全面贯彻党的教育方针，落实全国和全省教育大会精神，坚持立德树人，坚持培育和践行社会主义核心价值观，把劳动教育纳入人才培养全过程，贯通大中小学各学段，贯穿家庭、学校、社会各方面，与德育、智育、体育、美育相融合，紧密结合经济社会发展变化和学生生活实际，

积极探索具有吉林特色的劳动教育模式，创新体制机制，注重教育实效，实现知行合一，促进学生形成正确的世界观、人生观、价值观。

2．工作目标。通过劳动教育，使学生能够理解和形成马克思主义劳动观，牢固树立劳动最光荣、劳动最崇高、劳动最伟大、劳动最美丽的观念；体会劳动创造美好生活，体认劳动不分贵贱，热爱劳动，尊重普通劳动者，培养勤俭、奋斗、创新、奉献的劳动精神；具备满足生存发展需要的基本劳动能力，形成良好劳动习惯。

经过3年的努力，建立课程完善、资源丰富、模式多样、机制健全的体现时代特征的劳动教育体系。推出一批劳动教育先进教师，打造一批劳动教育特色校，创建一批劳动教育示范基地，形成普遍重视劳动教育、学生常态化参与劳动实践的浓厚氛围。到2030年，建成完善且优质的学校劳动教育实施体系、家庭劳动教育指导体系、校外劳动教育公共服务体系，为培养和造就中国特色社会主义合格的建设者和可靠的接班人奠定坚实基础。

二、全面推进实施劳动教育的主要任务

3．严格落实劳动教育课程安排。各地各校要切实承担劳动教育主体责任，明确实施机构和人员，按照中小学国家课程方案和职业院校、普通高等学校人才培养方案，开足开齐劳动教育课程，不得挤占、挪用劳动实践时间。中小学劳动教育课平均每周不少于1课时，用于活动策划、技能指导、练习实践、总结交流等，与通用技术和地方课程、校本课程等有关内容进行必要统筹。职业院校以实习实训课为主要载体开展劳动教育，其中劳动精神、劳模精神、工匠精神专题教育不少于16个学时。普通高等学校要明确劳动教育主要依托课程，其中本科阶段不少于32学时。

4．组织劳动教育课程资源研发。省级教育行政部门明确中小学劳动实践指导手册编写要求，体现"一纲多本"，满足不同地区学校的多样化需求，做好组织审查工作。职业院校可组织编写劳动精神、劳模精神、工匠精神专题读本，由编写院校或委托专业机构进行审查。鼓励学校、学术团体、专业机构等收集整理反映劳动先进人物事迹和精神的影视资料，组织研发展示劳动过程、劳动安全要求的数字资源，梳理遴选来自教学一线的典型案例和鲜活经验，形成分学段、分专题的劳动教育课程资源包，促进优质资源的共享与使用。

5. 在学科专业中有机渗透劳动教育内容。各地各校要组织引导相关学科教师在学科专业中有机渗透劳动教育内容。中小学道德与法治（思想政治）、语文、历史、艺术等学科要有重点地纳入劳动创造人本身、劳动创造历史、劳动创造世界、劳动不分贵贱等马克思主义劳动观，纳入歌颂劳模、歌颂普通劳动者的选文选材，纳入阐释勤劳、节俭、艰苦奋斗等中华民族优良传统的内容，加强对学生辛勤劳动、诚实劳动、合法劳动等方面的教育。数学、科学、地理、技术、体育与健康等学科要注重培养学生劳动的科学态度、规范意识、效率观念和创新精神。职业院校要将劳动教育全面融入公共基础课，要强化马克思主义劳动观、劳动安全、劳动法规教育。专业课在进行职业劳动知识技能教学的同时，注重培养'干一行爱一行'的敬业精神，吃苦耐劳、团结合作、严谨细致的工作态度。普通高等学校要将劳动教育有机纳入专业教育、创新创业教育，不断深化产教融合，强化劳动锻炼要求，加强高等学校与行业骨干企业、高新企业、中小微企业紧密协同，推动人才培养模式改革。专业类课程主要与服务学习、实习实训、科学实验、社会实践、毕业设计等相结合开展各类劳动实践，注重分析相关劳动形态发展趋势，强化劳动品质培养。在公共必修课中，要进一步强化马克思主义劳动观教育、劳动相关法律法规与政策教育。

6. 统筹安排课外校外劳动实践活动。各地各校要切实将劳动教育与学生的个人生活、校园生活和社会生活有机结合，丰富劳动体验，提高劳动能力，深化对劳动价值的理解。中小学每周课外活动和家庭生活中劳动时间，小学1至2年级不少于2小时，其他年级不少于3小时。职业院校、普通高等学校要明确生活中的劳动事项和时间，纳入学生日常管理。大中小学每学年设立劳动周，采用专题讲座、主题演讲、劳动技能竞赛、劳动成果展示、劳动项目实践等形式进行。高等学校可安排劳动月，集中落实各学年劳动周要求。注重推动在综合实践活动中设计劳动活动内容，鼓励广大学生在教师的指导下走出教室，参与公益活动、志愿服务、勤工俭学等社会活动，以自己的劳动满足社会组织或他人的需要，促进相关知识技能的学习，提升实践能力。

7．扎实做好家庭劳动教育相关工作。组建百名省级家庭教育专家队伍，积极在家庭教育公益宣讲中强化劳动教育相关内容，引导家长树立正确的劳动观，明确家长的劳动教育责任。各地各校要依托家长学校、家长委员会等广泛开展各种劳动教育相关讲座，引导家长依据儿童在不同发展阶段的特点组织家庭劳动，增强家庭劳动教育指导的科学性。广泛开展"美好生活 劳动创造"系列劳动主题宣传活动，不断强化家庭劳动教育活动的互动性和参与性，扩大覆盖面和影响力，打造一批使家长和学生切实受益的品牌活动。

8．健全完善劳动素养评价制度。将劳动素养纳入学生综合素质评价体系，以劳动教育目标、内容要求为依据，将过程性评价和结果性评价结合起来，健全和完善学生劳动素养评价标准、程序和方法，加强实际劳动技能和价值体认情况的考核。建立公示、审核制度，确保记录真实可靠。

9．开展劳动教育质量监测。鼓励各级各类学校委托有关专业机构，定期组织开展关于学生劳动素养状况调查及相关因素的分析，注重学生劳动观念、劳动精神、劳动能力、劳动习惯和品质等的监测。鼓励、支持各地利用大数据、云平台、物联网等现代信息技术手段，开展劳动教育过程监测与记实评价，发挥评价的育人导向和反馈改进功能。

三、着力提升劳动教育支撑保障能力

10．加强劳动教育师资队伍建设。各地各校可采取学校特聘、专业培训、区域内教师交流共享等多种措施，建立专兼职相结合的劳动教育师资队伍。高等学校要加强劳动教育师资培养，有条件的师范院校开设劳动教育相关专业。中小学校可聘请高校、研究机构、优秀企业具有实践经验的社会专业人士、技术人员、劳动模范等担任劳动实践指导教师。推动普通中小学、职业院校和普通高等学校采用"结对子""手拉手"等方式，促进劳动教育教师资源共享。

11．强化劳动教育研究与指导。各地教育行政部门要鼓励和支持相关机构设立劳动教育研究项目。设立一批试验区或试验学校，注重开展跟踪研究、行动研究。逐步配齐省、市、县三级劳动教育教研员，组织开展专题教研、区域教研、网络教研，通过协同创新、校际联动、区域推进，提高劳动教育整体实施水平。

12．组织劳动教育相关培训。各地各校要把劳动教育纳入教师培训内容，开展全员培训，提高劳动教育师资队伍专业化水平。面向各级教育行政干部和大中小学校长，加大劳动教育相关培训力度，提高其劳动教育规划、组织实施、评价等多方面能力。对承担劳动教育课程的教师进行专项培训，提高劳动育人意识和专业化水平。加强劳动教育教师培训需求诊断，改进教师培训内容，紧密结合新时代劳动教育的要求，组织高质量培训，切实提升教学水平。

13．完善劳动教育教师激励机制。定期组织劳动教师教学能力竞赛，实现以赛促优，提升劳动教师教学能力水平。在各级教学成果奖励中，将劳动教育教学成果纳入评奖范围，对优秀成果予以奖励。依托有关专业组织、教科研机构等开展劳动教育经验交流和成果展示活动，激发广大教师实践创新的潜能和动力。积极协调新闻媒体传播劳动光荣、创造伟大思想，大力宣传劳动教育先进学校、先进个人。

14．建好校内劳动教育实践场所。建立以县为主、政府统筹规划配置中小学（含中等职业学校）劳动教育资源的机制。进一步完善学校建设标准，积极推动中小学校充分利用校内学习、生活有关场所，建立规模适当、富有特色、功能完备的劳动技术实践教室、实训基地，丰富劳动教育资源。鼓励高校充分发挥自身专业优势和服务社会功能，建立相对稳定的实习和劳动实践基地。

15．拓展校外劳动教育实践场所。梳理吉林省各类社会实践资源，充分利用我省现有综合实践基地、青少年校外活动场所、职业院校和普通高等学校劳动实践场所，建立吉林省学生校外劳动实践资源图谱。各级各类学校要主动与各行业劳动基地和实训基地协同，实现政策协同和资源共享，不断联合开发新的劳动教育资源，增加优质劳动教育资源供给。

16．注重劳动教育安全保障。建立政府、学校、家庭、社会共同参与的劳动教育风险分散机制，鼓励购买劳动教育相关保险，保障劳动教育正常开展。学校要把劳动安全教育与管理作为组织实施的必要内容，强化劳动安全意识，建立健全安全教育与管理并重的劳动安全保障体系，构建分层分级劳动安全应急处置体系。学校在组织实施劳动实践活动前，须研究制定劳动实践活动风险防控预案，完善应急与事故处理机制。科学评估劳动实践活动的安全风险，认真排查、清除学生劳动实践中的各种隐患特别是辐射、疾病传染等，在场所设施选择、材料选用、工具设备和防护用品使用、活动流程等方面制定安全、科学的操作规范，强化劳动过程每个岗位的管理，明确各方责任，防患于未然。

四、切实加强劳动教育的组织实施

17．强化思想认识。各地各校要充分认识加强新时代大中小学劳动教育的重要意义，切实履行主体责任，把劳动教育摆上重要议事日程，周密安排部署，认真细化分解，确保劳动教育的时间、师资、经费、场地、设备等落实到位。拓宽劳动教育途径，整合家庭、学校、社会各方面的力量，建立全面实施劳动教育的长效机制。

18．加强督导检查。把劳动教育纳入教育督导体系，完善督导办法。对市（州）、县（市、区）政府和有关部门保障劳动教育情况以及学校组织实施劳动教育情况进行督导。对学校劳动教育开课率、学生劳动实践组织的有序性，教学指导的针对性，保障措施的有效性等进行督查和指导。督导结果向社会公开，同时作为衡量区域教育质量和水平的重要指标，作为对被督导部门和学校及其主要负责人考核奖惩的依据。

19．注重宣传引导。加强新时代劳模精神宣传，在教学楼、图书馆等公共场所，以多种形式展示各行各业劳动模范和大国工匠的成长故事。鼓励各地各校积极举办"劳模大讲堂"、优秀毕业生报告会、"大国工匠进校园"等活动，广泛宣传劳动榜样人物事迹。鼓励有条件的学校挖掘开发各种资源，建立劳模展示馆。鼓励各地各校重视和利用新媒体等手段，创作更多以歌颂普通劳动者为主题的优秀作品，弘扬劳动光荣，创造伟大的主旋律，实现劳模精神常态宣传、广域传播。

吉林省教育厅
2020 年 9 月 30 日

第二章
工程训练与劳动教育

随着我国高等教育事业的发展特别是新工科建设的推进，全国各普通高等学校工程训练事业和工程训练中心迅速发展。同时，作为大学生生产劳动教育的重要载体，工程训练在劳动教育体系中具有举足轻重的作用。

一、工程训练的发展情况

《中共中央 国务院关于全面加强新时代大中小学劳动教育的意见》明确要求"高等学校要注重围绕创新创业，结合学科和专业积极开展实习实训、专业服务、社会实践、勤工助学等，重视新知识、新技术、新工艺、新方法应用，创造性地解决实际问题"，高屋建瓴地指出了工程训练作为工科教育中重要的实训环节，在全面构建体现时代特征的劳动教育体系中的独特地位和作用。

（一）工程训练与工程训练课程

工程训练是具有实践性、基础性和通识性特点的大学生生产劳动教育。它具体表现为通过使学生置身于真实生产劳动环境中，运用体验式教学，达到增强生产劳动的能力和素质的目的。

1. 工程训练的含义

什么是工程训练？根据《说文解字》的解释，"工者，巧饰也，象人有规矩也""程者，品也，十发为程，十程为分，十分为寸"。因此从字面意义上理解，"工"指制造物品之人，"程"指长度，即一种度量单位。把"工"和"程"合起来理解，就是按照一定的规矩制造物品的过程。在这个意义上，工程训练就是训练人们按照一定的规矩制造物品的过程。

基于"训练人们按照一定的规矩制造物品的过程"这一意涵，工程训练具有了丰富的意义。教育部高等学校机械类专业教学指导委员会在《智能制造工程教程》中，将工程训练概括为"培养学生工程实践能力、系统工程意识的实践性基础课程，通过系统的工程实践训练，使学生获得对机械、电子、信息、管理等专业技术在工程中的融合和应用的感性认识和体验，提高工程意识，质量、安全、环保意识和动手能力，为相关理论课和专业课学习奠定必要的实践基础，对培养学生工程实践能力发挥着独特作用"①。

在普通高等学校阶段，工程训练是一门重要的实践性技术基础课，也是高等学校工科类及近工科类在校大学生必修的实践教学环节，更是符合现阶段中国国情并独具特色的校内工程实践教学模式。工程训练教学以实际工业环境为背景，以产品全生命周期为主线，给学生以工程实践的教育，工业制造的了解和工程文化的体验。作为各专业教学计划中的重要实践教学环节，工程训练以学习工艺知识、增强实践能力、提高综合素质、培养创新精神为课程教学目标。通过工程训练，能够使学生了解工程技术发展历程、工业生产过程以及环境的相关知

---

① 教育部高等学校机械类专业教学指导委员会：《智能制造工程教程》，北京：高等教育出版社，2022年版。

识，掌握基本的仪器、设备、工具等的使用方法以及相关工艺操作的基本技能，熟悉特定产品对象的分析、设计、制造与实际运行的完整过程，具备初步的工程综合应用能力，具备初步的创新思维、创新精神和创新能力，具有较好的工程文化素养、社会责任感、团队合作精神、工程职业道德、法律法规观念并建立系统的工程意识。

2．工程训练的课程体系

高校工程训练课程源自高校金工实习，主要指在我国高校工程训练中心进行的工程实践。金工实习的全称为金属加工实习，基础的金工实习包括对车、钳、铣、刨、磨、镗、钻等加工过程的学习实践，有部分高校也会依据学校特色与基础条件加入人工智能、3D打印、智能制造、无人机组装等高新技术模块。通过工程训练，能够使大学生特别是工科学生学习机械制造的基本工艺知识，熟悉机械制造生产的基本过程。

综合现有研究成果和劳动教育实践经验，本书以吉林大学工程训练中心为例，将工程训练课程体系分为安全训练课程、材料成型训练课程、机械制造训练课程、先进制造训练课程四大主题。其中安全训练课程包含安全教育课程；材料成型训练课程包含铸造、手工焊接、锻造与冲压、热处理、3D打印等方面的生产劳动训练课程；机械制造训练课程包含车削加工、钳工、铣削加工、加工中心、磨削加工、机械拆装、工业测量、夹具设计等方面的生产劳动训练课程；先进制造训练课程包含智能制造、工业机器人、线切割加工、激光加工、人工智能机器人、气动与液压、机电一体化等方面的生产劳动训练课程。具体如图1所示。

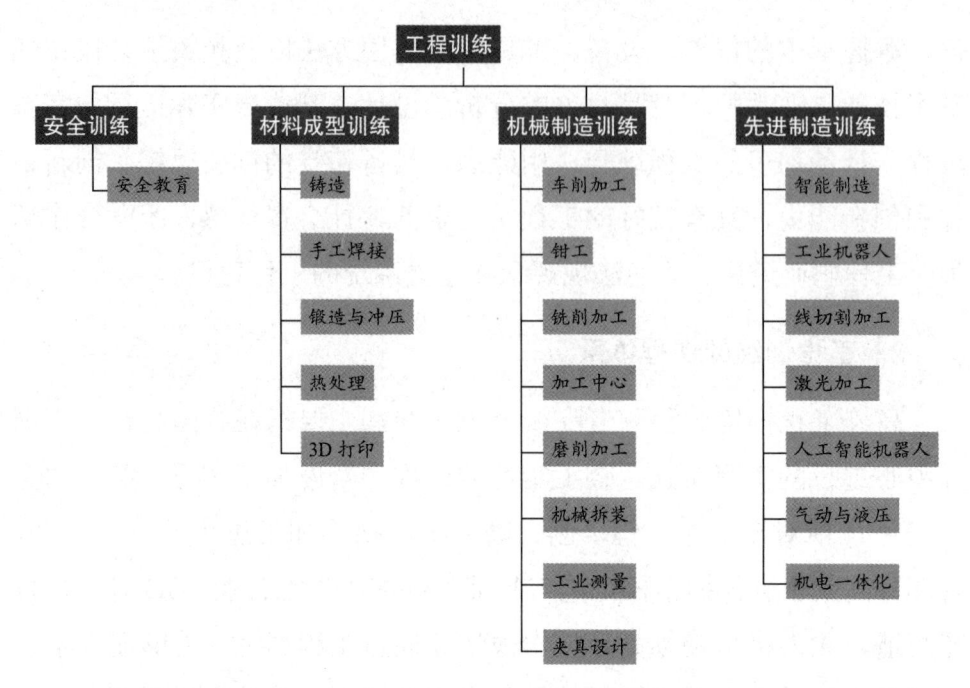

```
                    ┌─────────┐
                    │ 工程训练 │
                    └────┬────┘
       ┌──────────┬──────┴──────┬──────────────┐
   ┌───┴───┐ ┌────┴─────┐ ┌─────┴─────┐ ┌──────┴──────┐
   │安全训练│ │材料成型训练│ │机械制造训练│ │ 先进制造训练 │
   └───┬───┘ └────┬─────┘ └─────┬─────┘ └──────┬──────┘
     安全教育    铸造          车削加工        智能制造
                手工焊接        钳工          工业机器人
                锻造与冲压     铣削加工       线切割加工
                热处理         加工中心        激光加工
                3D打印         磨削加工      人工智能机器人
                              机械拆装        气动与液压
                              工业测量        机电一体化
                              夹具设计
```

图 1　吉林大学工程训练中心课程体系

作为课程体系的工程训练课程，至少应该包括以下内容。

第一，工程训练课程体系首先必须聚焦生产劳动的基础训练。工程基础训练旨在使学生了解工程技术的发展历程及工业生产过程与环境的相关知识。基础训练以产品制造劳动为主线，能够让学生在一个真实的大制造环境中，了解制造过程，体验工程文化，培养基本工程意识和劳动素质。通过采取多种形式的知识展现方式和感受方式，结合实践环节，能够使学生建立起机械制造劳动的基本概念，初步认识机械制造劳动的基本工艺知识和方法；初步具备基本的劳动操作能力；锻炼并培养学生的创新和竞争意识，提高学生的基本劳动素养。

第二，在基础训练的基础上，作为工程训练课程体系必须进一步加强对学生生产劳动技能的训练与培养。技能训练旨在使学生掌握基本的仪器、设备、工具等的使用方法以及相关工艺操作的基本技能。具体来说，就是使学生在掌握基本制造知识的基础上具有一定的操作技能，了解新工艺、新技术在现代制造中的地位和应用，初步建立起现代制造工程的概念。学生特别要具备对简单零件进行工艺分析和选择加工方法的能力，具备一定的应用先进制造技术进行设计、制造、测量和检验的工程实践能力，从而加深对制造技术的体验和理解。技能训练一般以实际产品为载体。根据专业特点，教师可选择一个或若干典型零件（或产品），制定合理的加工工序和加工工艺，使学生理解工程制造的过程，并初步具备相关工业设备的基本操作技能。

第三，工程训练课程体系要进一步聚焦对大学生开展生产劳动的综合训练。综合训练旨在使学生熟悉特定产品对象的分析、设计、制造与实际运行的完整过程，培养学生初步的工程综合应用能力。综合训练以项目、产品或者过程为载体，结合工程实际提出问题、分析问题并解决问题，将多学科的基础知识、专业知识融入工程实践中，针对特定对象进行分析、设计、制造。在实际运行的工程教学活动中，还应培养团队合作与沟通、工程管理和工程总结等工程能力。学生在进入该训练环节前，应已经完成工程基础训练、工程技能训练环节。该训练环节的教学特征是学科知识的综合性和实现过程的系统性，同时也是工程基础训练、工程技能训练两个教学环节的训练目标指向，其项目或产品应具备真实的工程背景。

第四，工程训练课程体系还应有针对性地对大学生开展生产劳动的创新训练。创新训练旨在为学生的创意、创新与创业实践活动提供全方位的支持平台，并通过创新实践课程、创新实践项目、科技竞赛活动等培养学生的工程创新能力。创新训练会根据大学生创意、创新和创业实践的需要，设置创新实践课程，支持大学生创新科研活动和科技竞赛项目、校企合作项目、国际合作项目、大学生创业实验计划项目等创新实践活动。学生可提出项目建议书，组成项目团队，进行概念设计、详细设计、实验研究、论文与报告撰写、专利申报、样机制造与调试。大学生科技竞赛等教学环节，能够培养学生的创新意识与能力，包括发现问题与解决问题的能力、多学科团队合作与沟通能力、建模与求解能力、科技写作能力。

整体上看，工程训练课程体系具有以下突出特点：在教学属性方面，具有实践性和通识性，具体表现为让学生在真实工程环境中，通过亲自动手和体验，达到提升基本工程实践能力和素养的目的；在教学内容方面，具有系统性和综合性，具体表现为实践过程强调将产品全生命周期的一系列相关活动与工作综合成系统，并注重多专业领域的知识与技能的交叉与融合；在教学方式方面，具有开放性和多样性，具体表现为在实践教学资源的利用、运行模式的管理、教学内容的设置、教学手段的运用等方面具有更多的灵活性与自由度。

（二）工程训练中心的建设——以吉林大学工程训练中心为例

吉林大学工程训练中心是省级实验教学示范中心，是工程实践教学公共平台和创新劳动教育实践平台。

吉林大学工程训练中心成立于2010年9月，是在原实习工厂的基础上建设而成的。2014年其被学校确定为大学生创新创业中心，2015年被确定为大学生创客基地，2017年被评为吉林省优秀教学团队，2017年被确定为"双一流、双创基地"。中心在适当精简传统金工实习内容的基础上，增加了综合性、创新性的训练项目，突出机、电、计算机、数控技术相结合，传统和先进制造技术共同发展的特点，完成了由传统金工实习向工程训练转变、由单一工科向综合学科转变、由培养技能型向培养综合素质型转变的过程。中心营造了一个同现代企业接轨的工业工程实践环境，为培养研究型、复合型，具有大工程意识、创新意识和创新能力、竞争能力的高素质人才打下坚实的基础。中心是吉林大学卓越工程师培养平台、青年教师工程能力训练平台、工程素质与综合能力培养平台。

中心面积为1.7241万平方米，拥有国内一流实践教学设备1256

余套，总值6000余万元，涵盖机械加工、材料成型、现代制造、电工电子、智能制造等多个领域，满足了工程教育时代的发展需求，具体包括高端数控装备、智能制造生产线、多线联动教学工厂、工业机器人、焊接机器人、液态金属3D打印机、金属3D打印机、光敏3D打印机、竞技机器人、人工智能机器人、车床、铣床、钳工实训台、氩弧焊、二氧化碳保护焊等。

中心现有教职员工56人，其中教授2人、研究员1人、高级工程师17人、高级技师21人。多年来，吉林大学工程训练中心积极组织相关人员赴国内十余所知名高校的工程实训中心考察并学习先进的教学理念、管理措施和教学实训项目。中心坚持把建设一支理论扎实、操作技术过硬、结构合理、具有创新精神和实训能力的高素质实训教学队伍作为提高实训教学水平、保证实训教学质量的先决条件。

在课程体系设置方面，吉林大学工程训练中心面向工学部、信息科学学部、地球科学学部的10个学院4000余名大二本科生，开设教学模块20个，其中机械制造训练包括车工、钳工、铣工、机械拆装、工业测量等8个模块；先进制造技术训练包括智能制造、激光加工、电火花线切割、工业机器人等7个模块；材料成型训练包括铸造、焊接等5个模块。同时，20个教学模块针对不同专业学生的特点，统筹组合成不同的实训课程方案。工程训练是大学生步入实践创新殿堂的一个重要环节，中心致力于建立健全工程实践育人课程体系，为广大师生提供优质的安全共享场地、齐全的设备资源、精良的教材、丰富的线上线下课程内容和多维交互的虚拟仿真实验项目，目前中心已完成了线上线下混合、虚实结合的优质共享实践课程建设。

总之，作为我国工科专业实践教学最大的载体，工程训练中心发挥着其功能作用。同时，作为生产劳动教育的载体，包括吉林大学工程训练中心在内的全国高校工程训练中心，必将在培养社会主义合格的劳动者和接班人的过程中，发挥出更大的基础性作用。

二、工程训练与劳动教育的关系

工程训练是大学生劳动教育的重要组成部分，对大学生生产劳动教育具有关键性作用。工程训练与劳动教育的关系应从整体上把握，一方面，从劳动教育上看，劳动教育是工程训练的本质属性，工程训练的目的就是更好地实现大学生劳动教育；另一方面，工程训练是劳动教育的重要载体，通过工程训练课程体系，能够使大学生生产劳动教育的开展更具成效。

（一）劳动教育是工程训练的本质属性

劳动教育是工程训练的本质属性，因为工程训练旨在培养当代大学生生产劳动的实践能力和劳动精神，这与劳动教育的本质是一致的。

第一，生产劳动的实践能力是工程训练的核心目标。工程训练强调学生的亲身体验和实践操作，通过让学生参与各种工程项目的设计、制作和测试，培养学生的实践能力和动手能力。这些能力不仅在未来的职业生涯中非常重要，也是学生个人成长和发展的重要方面。在现代社会，技术日新月异，竞争激烈，对即将走向社会的大学生来说，具备实际操作能力是非常关键的。工程训练通过让学生亲身参与实践活动，如机械加工、电路制作、计算机编程等，使学生能够将理论知识与实际操作相结合，提高他们的实践能力和动手能力。这种对实践性和动手能力的培养，是劳动教育的重要组成部分。

第二，对劳动精神和劳动素养的培养也是工程训练的重要目标。在工程训练中，学生需要亲手操作机器、使用工具等，通过辛勤劳动来获得成果。这种体验可以让学生感受到劳动的艰辛和成就感，从而培养他们的劳动意识和劳动精神。此外，工程训练还可以培养学生的职业素养和职业道德，如严谨细致的工作态度、安全生产的意识等，这些对学生未来的职业生涯都是非常重要的。对这些职业素养和职业道德的培养，也是劳动教育的重要内容之一。

第三，在生产劳动教育中培养具有创新意识和创业精神的高素质人才也是工程训练的目标之一。在现代社会，创新和创业是推动社会发展的重要力量。工程训练通过引导学生进行实践活动和创新活动，培养学生的创新意识和创业精神。这种对创新和创业精神的培养，也是劳动教育的重要目标之一。工程训练通过让学生参与各种创新项目的设计和制作，鼓励学生发挥自己的想象力和创造力，从而培养学生的创新思维和创新能力。

总之，劳动教育是工程训练的本质属性，工程训练不仅能够让学生掌握具体的工程知识和技能，更重要的是能够培养学生的劳动精神、实践能力和创新思维，这些能力在学生未来职业生涯和个人成长中非常重要。

（二）工程训练是劳动教育的重要载体

为使学生尽快掌握当前生产上的新技术、新工艺、新方法，需要运用工程训练这一有效载体和工程训练课程体系这一重要平台。当前工程训练作为大学生劳动教育的重要载体，其重要性主要体现在以下几个方面。

第一，工程训练为学生提供了实践操作的机会。在大学教育中，理论知识的学习是非常重要的，但仅有理论知识是远远不够的。

我们生活在一个科学技术迅猛发展、竞争压力日益增大的时代，这无疑对即将步入社会的大学生提出了更高的要求。在这样的背景下，具备实际操作能力成了大学生不可或缺的核心竞争力。工程训练作为培养学生实践能力和动手能力的重要途径，其重要性愈发凸显。

工程训练通过一系列实践活动为学生提供了将理论知识与实际操作相结合的机会。这种结合不仅使学生能够更好地理解和掌握所学知识，更能够培养他们的实践能力和动手能力。通过亲身参与实践活动，学生能够深入了解工程技术的实际应用，掌握各种工具和设备的操作方法，积累宝贵的实践经验，从而对其未来发展具有深远影响。

第二，工程训练能够培养学生的劳动意识和劳动精神。在工程训练中，学生需要亲手操作机器、使用工具等，通过辛勤的劳动来获得成果。这种体验可以让学生感受到劳动的艰辛和成就感，从而培养他们的劳动意识和劳动精神。此外，工程训练还可以培养学生的职业素养和职业道德，如严谨细致的工作态度、安全生产的意识等，这些对学生未来的职业生涯都是非常重要的。

第三，工程训练可以提高学生的技能和知识水平。在工程训练中，学生需要学习各种技能和知识，如机械加工技术、电子技术、计算机编程语言等。这些技能和知识是学生在未来职业生涯中必须具备的。通过工程训练，学生可以掌握这些技能和知识，提高自己的就业竞争力。

第四，工程训练可以帮助学生了解社会和企业对人才的需求。在工程训练中，学生可以接触到各种行业和领域的知识和技能，了解到社会和企业对人才的需求。这有助于学生更好地规划自己的职业发展，为未来的就业做好准备。同时，工程训练还可以帮助学生建立自己的人脉关系，为未来的职业发展提供更多的机会。

综上所述，工程训练作为大学生劳动教育的重要载体，对学生的全面发展和未来的职业发展都具有非常重要的意义。因此，高校应该重视工程训练在大学生劳动教育中的作用，加强对学生实践能力和动手能力的培养，以提高学生的综合素质和就业竞争力。同时，高校还应该不断更新和升级工程训练设备和器材，以满足学生的学习需求和社会的发展需求。

除了高校的努力外，政府和社会也应该加大对工程训练的投入和支持。政府可以出台相关政策鼓励企业参与高校工程训练项目，提供更多的实习机会和就业机会；社会各界也可以通过资助高校工程训练项目、提供实习基地等方式来支持大学生劳动教育。

在未来的发展中，工程训练将会更加注重对学生的创新能力和创业意识的培养。随着科技的不断发展、新技术和新工艺的不断涌现，未来的工程训练也将更加注重与新技术的结合。例如，在人工智能、大数据、云计算等新技术领域，都可以开展相应的工程训练项目，以培养学生的创新能力和创业意识。

总之，工程训练作为大学生劳动教育的重要载体，对学生的全面发展和未来的职业发展都具有非常重要的意义。高校应该重视工程训练的作用，加强对学生实践能力和动手能力的培养；政府和社会也应该加大对工程训练的投入和支持。

（三）通过工程训练拓展新时代大学生劳动教育

《中共中央 国务院关于全面加强新时代大中小学劳动教育的意见》明确提出，普通高等院校开展劳动教育要"结合学科和专业积极开展实习实训，重视新知识、新技术、新工艺、新方法应用，创造性地解决实际问题"。工程训练作为工科大学生专业教学计划当中必要的实践教学环节，在课程设置、教学内容、教学方法等方面与新时代大学生劳动教育完全契合，同时具备劳动教育的思想性、社会性和实践性，蕴含着丰富的劳动教育元素，在开展以生产性劳动实践为主的劳动教育方面具有独特的显性优势。

第一，要依托工程训练课程，深入挖掘劳动教育元素。工程训练强调在动手实践中培养学生的工程意识、工程能力和工程素质。铸、锻、焊、车、铣、钳及先进制造等实训科目属于典型的生产劳动实践，实训车间为开展生产劳动教育提供了理想场所，工程训练实训过程中的技能掌握、安全操作、场地整理和环境保护等各个环节均体现出劳动教育的关键要素。其一，要以掌握生产劳动知识技能为立足点，在理论讲解环节中融入劳动态度、劳动能力和劳动价值观教育，以工艺技术发展史为主线，在系统介绍不同生产工艺的起源、发展、现状及趋势的过程中融入不同时期的典型劳动人物事迹和典型生产劳动事件等内容，如铸造技术中的中国古代青铜器铸造史，通过真实鲜活的历史劳动人物和事迹帮助大学生理解和掌握劳动在伴随人类社会进步发展中所起到的支撑作用，从而使其能够比较深刻地认识到劳动的本质，理解劳动创造人本身的基本道理，教育引导大学生树立正确的劳动价值观。在动手实践环节中，通过指导教师的示范讲解，大学生需要掌握基本的生产工具和生产设备的操作方法，如锉刀、台虎钳、手锯、砂、车床、铣床、电焊机等。在学会正确使用工具设备并具备基本的生产劳动能力的过程中，在切身体会"方法得当事半功倍，方法失当事倍功半"之后，大学生在生产劳动实践中能够逐渐养成重视劳动、热爱劳动的意识，能够珍惜劳动成果，不随意损坏劳动工具，具备正确的劳动态度。其二，以生产劳动安全教育为抓手，强化大学生劳动安全意识、劳动纪律是一切工作开展的前提和基础。在工程训练课程中每一个实训模块所使用到的工具、设备不同，工作环境亦不同，因而在工程训练实训过程中所面临的危险源和风险点也各不相同。在进行不同工种的生产劳动教育实践时，首要工作是进行基于本工种的生产劳动安全教育，对涉及本工种的安全注意事项要做详细要求，并加强过程管理和结果考核。高校可通过建立生产劳动教育安全管理组织机构，实行生产劳动教育实践安全准入制度，设置专门的生产劳动教育安全评价标准等多种方式构建生产劳动教育实践安全保障体系。同时，应细化劳动安全教育内容，创新安全教育载体，优化安全教育手段。高校应对基于工程训练课程的生产劳动教育实践中存在的安全风险进行系统分析、梳理、归类和评价，如物体打击、高空坠物、机械伤害、中毒窒息等，制定应急处置方案并基于具体的安全风险设立安全教育课程，并建立专门的劳动安全教育场所，通过现场事故模拟与演练等多种手段帮助大学生牢固树立劳动安全意识，强化大学生的劳动纪律，进而养成良好的劳动习惯，掌握安全的劳动方法。其三，以工程训练产品精度考核为手段，促使大学生手脑并用、出力流汗，培养大学生的劳动获得感和劳动成就感。高校应结合工程训练的具体工种，设计生产劳动教育实践项目，明确项目的技术要求、劳动成果精度指标和劳动教育目标。高校应以功能实现为考核目标，采取团队分工合作的模式，通过设计、加工、组装、调试等实训环节对大学生从设计、选材、选型、加工操作、精度控制、功能保证等方面进行全过程的生产劳动教育，促使大学生手脑并用，学做合一，磨炼意志，锻炼品质。

第二，要创新实践教学载体，将劳动教育贯穿工程训练课程教学全过程。其一，密切关注行业新业态、劳动新形态，加大先进制造和智能制造等新型生产劳动技术实训在工程训练课程中的比重，围绕以新技术、新产业、新业态和新模式为特征的新经济，对基于工程训练的生产劳动教育教学内容进行前瞻布局和动态调整，更加注重综合创新实践平台建设。高校应以培养大学生劳模精神、劳动精神和工匠精神，提高大学生对生产劳动新形态的理解掌握为目标，构建以创新为主的新型工程训练教学平台。高校应调整不同实训工种的教学内容和教学时间，突出3D打印、特种加工、智能多轴加工和柔性制造等先进生产技术在工程训练中的主要地位，用领先的理念、前沿的技术、先进的应用来支撑生产劳动教育实践的创新性开展，激发大学生爱劳动、会劳动、懂劳动的热情。其二，结合物联网技术实训平台、企业经营虚拟仿真实训平台和各类学科竞赛，优化工程训练教学体系，推动劳动教育与工程训练、创新创业教育的深度融合。大学劳动教育的主要目标之一就是培养大学生树立正确的择业、就业、创业观，点燃创新创业热情，激发创新创业活力。高校应依托工程训练中心的先进技术装备和工程训练教师的专业技能，在指导大学生参加各级各类学科竞赛时有机融入劳动教育元素，如"互联网+"大学生创新创业大赛、挑战杯、中国大学生工程训练与创新实践能力大赛、机械设计创新大赛等。还可以通过搭建物联网实训平台、企业经营虚拟仿真实训平台等创新实践训练平台，统筹推进劳动教育、工程训练和创新创业教育等工作。高校应教育引导大学生结合专业理论知识，尝试新方法，探索新技术，掌握与专业、职业相关的劳动技能，进行智慧性、创造性的劳动，培养创新解决劳动实践中遇到的问题的思路和方法，促使大学生掌握劳动与创新创业的基本知识和技能，提升其主动劳动和创新创业的意识，增强其职业认同感和劳动自豪感。

第三，要立足工程训练环境，强化劳动教育文化建设。劳动文化建设是劳动教育的重要内容，也是高校校园文化的主要组成部分。依托工程训练环境展开的劳动文化建设为劳动教育注入了新的内涵。一是具有鲜明的动态性，以"动态"的工业技能知识传播"静态"的生产劳动文化，引导大学生自觉将劳动文化底蕴和精神价值与工程训练相结合，增强文化的感染力和影响力；二是具有明确的创造性，依托工程训练开展的生产性劳动教育实践的重点在于培养大学生的劳动意识、劳动能力和劳动素质，强调智慧性劳动和创造性劳动，通过物化的劳动成果和内化的精神产品净化个人的劳动伦理和品德，用文化的柔性浸润劳动实践的刚性，为劳动教育注入新的生机和动力；三是具有清晰的审美性，"劳可育美"，工程训练教学活动本身就是创造劳动美的过程。高校应以工程训练为主线，以培养生产劳动技能为主要内容，以弘扬劳动精神为内涵实质，有机结合实践教学，充分利用网站、电子显示屏、走廊、大厅、墙面以及实训室开展劳动文化建设。高校应统筹规划、科学设计、合理布局，对应不同实训工种全方位、多视角精挑细选工匠人物、名人名言、浮雕标语以及新时代劳动价值观等，使学生能够于无声处感悟劳动的力量、劳动的智慧和劳动的魅力。

第四，要深耕工程训练内涵，抓牢劳育师资队伍建设。工程训练作为学科高度交叉融合的通识课程，在落实立德树人根本任务、促进人的全面发展等方面起着举足轻重、不可或缺的作用。现代工程训练已经构建起由传统工程实践（如车、铣、刨、磨、钳、铸、锻、焊等）和现代先进制造技术（如3D打印、特种加工、智能多轴加工、柔性制造等）相结合的综合性、融合性、创新性实践教学系统。从工艺技术起源到现状发展趋势，从基础的"出力流汗"到高阶的"智慧性劳动、创造性劳动"，深刻诠释了生产劳动的发展史和新时代的劳动观。工程训练课程中所体现的劳动内涵决定了劳动教育师资队伍的建设要求，教师的教学理念必须由教学育人向劳动育人延伸，教学能力必须由专业实践教学向劳动教育转化，教学方法必须由"讲授—学习"向"引导—创造"转变，努力打造复合型劳动教育师资队伍。一是师资主体，立足实训教师队伍，向学院专业教师、企业工程师、技术能手和劳动模范扩展，打造既懂专业理论又熟悉专业实践实训的"双师型"劳动教育师资队伍；二是专业培训，充分利用"课程思政""劳模讲堂""虚拟教研室""创新工作室""工匠学院"等多种形式，通过线上线下等渠道系统性持续开展劳动教育师资队伍培训；三是综合评价，立足本校实际，对劳动教育教师提出明确的教学目标要求，构建包括课程建设、教学设计、结果评价在内的完善的劳动教育教学体系，明确劳动教育教师在劳育实施过程中对学生劳动习惯养成、劳动意识培养、劳动观念树立等方面的具体要求，建立规范化、标准化、可操作的考核指标体系，突出量化考核和绩效评价。

总之，工程训练课程内容既有个人能力的锻炼，又有团队协作能力的培养；既有理论知识的夯实，又有实践能力的提升；既有设计思想的融入，又有挥汗如雨的付出。将劳动教育有机地融入工程训练课程中，在重点打造学生参与社会劳动的能力、掌握普遍劳动的方法、树立正确的劳动观念等方面有着积极的现实意义。

● **拓展阅读**

中共中央、国务院《中国教育现代化2035》主要内容

2019年，中共中央、国务院印发了《中国教育现代化2035》。这是中国特色社会主义进入新时代，党中央、国务院作出的重大战略部署，是贯彻落实党的十九大精神和全国教育大会精神、加快教育现代化的重要举措。《中国教育现代化2035》是我国第一个以教育现代化为主题的中长期战略规划，是新时代推进教育现代化、建设教育强国的纲领性文件，定位于全局性、战略性、指导性，与以往的教育中长期规划相比，时间跨度更长，重在目标导向，对标新时代中国特色社会主义建设总体战略安排，从"两个一百年"奋斗目标和国家现代化全局出发，在总结改革开放以来特别是党的十八大以来的教育改革发展成就和经验的基础上，面向未来描绘教育发展图景，系统勾画了我国教育现代化的战略愿景，明确了教育现代化的战略目标、战略任务和实施路径。

《中国教育现代化2035》分为五个部分：第一部分为战略背景、第二部分为总体思路、第三部分为战略任务、第四部分为实施路径、第五部分为保障措施。

《中国教育现代化2035》提出推进教育现代化的指导思想是：以习近平新时代中国特色社会主义思想为指导，全面贯彻党的十九大和十九届二中、三中全会精神，坚定实施科教兴国战略、人才强国战略，紧紧围绕统筹推进"五位一体"总体布局和协调推进"四个全面"战略布局，坚定"四个自信"，在党的坚强领导下，全面贯彻党的教育方针，坚持马克思主义指导地位，坚持中国特色社会主义教育发展道路，坚持社会主义办学方向，立足基本国情，遵循教育规律，坚持改革创新，以凝聚人心、完善人格、开发人力、培育人才、造福人民为工作目标，培养德智体美劳全面发展的社会主义建设者和接班人，加快推进教育现代化、建设教育强国、办好人民满意的教育。将服务中华民族伟大

复兴作为教育的重要使命，坚持教育为人民服务、为中国共产党治国理政服务、为巩固和发展中国特色社会主义制度服务、为改革开放和社会主义现代化建设服务，优先发展教育，大力推进教育理念、体系、制度、内容、方法、治理现代化，着力提高教育质量，促进教育公平，优化教育结构，为决胜全面建成小康社会、实现新时代中国特色社会主义发展的奋斗目标提供有力支撑。

《中国教育现代化2035》提出了推进教育现代化的八大基本理念：更加注重以德为先，更加注重全面发展，更加注重面向人人，更加注重终身学习，更加注重因材施教，更加注重知行合一，更加注重融合发展，更加注重共建共享。明确了推进教育现代化的基本原则：坚持党的领导、坚持中国特色、坚持优先发展、坚持服务人民、坚持改革创新、坚持依法治教、坚持统筹推进。

《中国教育现代化2035》提出，推进教育现代化的总体目标是：到2020年，全面实现"十三五"发展目标，教育总体实力和国际影响力显著增强，劳动年龄人口平均受教育年限明显增加，教育现代化取得重要进展，为全面建成小康社会作出重要贡献。在此基础上，再经过15年努力，到2035年，总体实现教育现代化，迈入教育强国行列，推动我国成为学习大国、人力资源强国和人才强国，为到本世纪中叶建成富强民主文明和谐美丽的社会主义现代化强国奠定坚实基础。2035年主要发展目标是：建成服务全民终身学习的现代教育体系、普及有质量的学前教育、实现优质均衡的义务教育、全面普及高中阶段教育、职业教育服务能力显著提升、高等教育竞争力明显提升、残疾儿童少年享有适合的教育、形成全社会共同参与的教育治理新格局。

《中国教育现代化2035》聚焦教育发展的突出问题和薄弱环节，立足当前，着眼长远，重点部署了面向教育现代化的十大战略任务：

一是学习习近平新时代中国特色社会主义思想。把学习贯彻习近平新时代中国特色社会主义思想作为首要任务，贯穿到教育改革发展全过程，落实到教育现代化各领域各环节。以习近平新时代中国特色社会主义思想武装教育战线，推动习近平新时代中国特色社会主义思想进教材进课堂进头脑，将习近平新时代中国特色社会主义思想融入中小学教育，加强高等学校思想政治教育。加强习近平新时代中国特色社会主义思想系统化、学理化、学科化研究阐释，健全习近平新时代中国特色社会主义思想研究成果传播机制。

　　二是发展中国特色世界先进水平的优质教育。全面落实立德树人根本任务，广泛开展理想信念教育，厚植爱国主义情怀，加强品德修养，增长知识见识，培养奋斗精神，不断提高学生思想水平、政治觉悟、道德品质、文化素养。增强综合素质，树立健康第一的教育理念，全面强化学校体育工作，全面加强和改进学校美育，弘扬劳动精神，强化实践动手能力、合作能力、创新能力的培养。完善教育质量标准体系，制定覆盖全学段、体现世界先进水平、符合不同层次类型教育特点的教育质量标准，明确学生发展核心素养要求。完善学前教育保教质量标准。建立健全中小学各学科学业质量标准和体质健康标准。健全职业教育人才培养质量标准，制定紧跟时代发展的多样化高等教育人才培养质量标准。建立以师资配备、生均拨款、教学设施设备等资源要素为核心的标准体系和办学条件标准动态调整机制。加强课程教材体系建设，科学规划大中小学课程，分类制定课程标准，充分利用现代信息技术，丰富并创新课程形式。健全国家教材制度，统筹为主、统分结合、分类指导，增强教材的思想性、科学性、民族性、时代性、系统性，完善教材编写、修订、审查、选用、退出机制。创新人才培养方式，推行启发式、探究式、参与式、合作式等教学方式以及走班制、选课制等教学组织模式，培养学生创新精神与实践能力。大力推进校园文化建设。重视家庭教育和社会教育。构建教育质量评估监测机制，建立更加科学公正的考试评价制度，建立全过程、全方位人才培养质量反馈监控体系。

三是推动各级教育高水平高质量普及。以农村为重点提升学前教育普及水平，建立更为完善的学前教育管理体制、办园体制和投入体制，大力发展公办园，加快发展普惠性民办幼儿园。提升义务教育巩固水平，健全控辍保学工作责任体系。提升高中阶段教育普及水平，推进中等职业教育和普通高中教育协调发展，鼓励普通高中多样化有特色发展。振兴中西部地区高等教育。提升民族教育发展水平。

四是实现基本公共教育服务均等化。提升义务教育均等化水平，建立学校标准化建设长效机制，推进城乡义务教育均衡发展。在实现县域内义务教育基本均衡基础上，进一步推进优质均衡。推进随迁子女入学待遇同城化，有序扩大城镇学位供给。完善流动人口子女异地升学考试制度。实现困难群体帮扶精准化，健全家庭经济困难学生资助体系，推进教育精准脱贫。办好特殊教育，推进适龄残疾儿童少年教育全覆盖，全面推进融合教育，促进医教结合。

五是构建服务全民的终身学习体系。构建更加开放畅通的人才成长通道，完善招生入学、弹性学习及继续教育制度，畅通转换渠道。建立全民终身学习的制度环境，建立国家资历框架，建立跨部门跨行业的工作机制和专业化支持体系。建立健全国家学分银行制度和学习成果认证制度。强化职业学校和高等学校的继续教育与社会培训服务功能，开展多类型多形式的职工继续教育。扩大社区教育资源供给，加快发展城乡社区老年教育，推动各类学习型组织建设。

六是提升一流人才培养与创新能力。分类建设一批世界一流高等学校，建立完善的高等学校分类发展政策体系，引导高等学校科学定位、特色发展。持续推动地方本科高等学校转型发展。加快发展现代职业教育，不断优化职业教育结构与布局。推动职业教育与产业发展有机衔接、深度融合，集中力量建成一批中国特色高水平职业院校和专业。优化人才培养结构，综合运用招生计划、就业反馈、拨款、标准、评估等方式，引导高等学校和职业学校及时调整学科专业结构。加强创新人才特别是拔尖创新人才的培养,加大应用型、复合型、技术技能型人才培养比重。加强高等学校创新体系建设,建设一批国际一流的国家科技创新基地,加强应用基础研究,全面提升高等学校原始创新能力。探索构建产学研用深度融合的全链条、网络化、开放式协同创新联盟。提高高等学校哲学社会科学研究水平,加强中国特色新型智库建设。健全有利于激发创新活力和促进科技成果转化的科研体制。

七是建设高素质专业化创新型教师队伍。大力加强师德师风建设,将师德师风作为评价教师素质的第一标准,推动师德建设长效化、制度化。加大教职工统筹配置和跨区域调整力度,切实解决教师结构性、阶段性、区域性短缺问题。完善教师资格体系和准入制度。健全教师职称、岗位和考核评价制度。培养高素质教师队伍,健全以师范院校为主体、高水平非师范院校参与、优质中小学(幼儿园)为实践基地的开放、协同、联动的中国特色教师教育体系。强化职前教师培养和职后教师发展的有机衔接。夯实教师专业发展体系,推动教师终身学习和专业自主发展。提高教师社会地位,完善教师待遇保障制度,健全中小学教师工资长效联动机制,全面落实集中连片特困地区生活补助政策。加大教师表彰力度,努力提高教师政治地位、社会地位、职业地位。

八是加快信息化时代教育变革。建设智能化校园,统筹建设一体化智能化教学、管理与服务平台。利用现代技术加快推动人才培养模式改革,实现规模化教育与个性化培养的有机结合。创新教育服务业态,建立数字教育资源共建共享机制,完善利益分配机制、知识产权保护制度和新型教育服务监管制度。推进教育治理方式变革,加快形成现代化的教育管理与监测体系,推进管理精准化和决策科学化。

九是开创教育对外开放新格局。全面提升国际交流合作水平,推动我国同其他国家学历学位互认、标准互通、经验互鉴。扎实推进"一带一路"教育行动。加强与联合国教科文组织等国际组织和多边组织的合作。提升中外合作办学质量。优化出国留学服务。实施留学中国计划，建立并完善来华留学教育质量保障机制，全面提升来华留学质量。推进中外高级别人文交流机制建设，拓展人文交流领域，促进中外民心相通和文明交流互鉴。促进孔子学院和孔子课堂特色发展。加快建设中国特色海外国际学校。鼓励有条件的职业院校在海外建设"鲁班工坊"。积极参与全球教育治理，深度参与国际教育规则、标准、评价体系的研究制定。推进与国际组织及专业机构的教育交流合作。健全对外教育援助机制。

十是推进教育治理体系和治理能力现代化。提高教育法治化水平，构建完备的教育法律法规体系，健全学校办学法律支持体系。健全教育法律实施和监管机制。提升政府管理服务水平，提升政府综合运用法律、标准、信息服务等现代治理手段的能力和水平。健全教育督导体制机制，提高教育督导的权威性和实效性。提高学校自主管理能力，完善学校治理结构，继续加强高等学校章程建设。鼓励民办学校按照非营利性和营利性两种组织属性开展现代学校制度改革创新。推动社会参与教育治理常态化，建立健全社会参与学校管理和教育评价监管机制。

《中国教育现代化2035》明确了实现教育现代化的实施路径：一是总体规划，分区推进。在国家教育现代化总体规划框架下，推动各地从实际出发，制定本地区教育现代化规划，形成一地一案、分区推进教育现代化的生动局面。二是细化目标，分步推进。科学设计和进一步细化不同发展阶段、不同规划周期内的教育现代化发展目标和重点任务，有计划有步骤地推进教育现代化。三是精准施策，统筹推进。完善区域教育发展协作机制和教育对口支援机制，深入实施东西部协作，推动不同地区协同推进教育现代化建设。四是改革先行，系统推进。充分发挥基层特别是各级各类学校的积极性和创造性，鼓励大胆探索、积极改革创新，形成充满活力、富有效率、更加开放、有利于高质量发展的教育体制机制。

为确保教育现代化目标任务的实现，《中国教育现代化2035》明确了三个方面的保障措施：

一是加强党对教育工作的全面领导。各级党委要把教育改革发展纳入议事日程，协调动员各方面力量共同推进教育现代化。建立健全党委统一领导、党政齐抓共管、部门各负其责的教育领导体制。建设高素质专业化教育系统干部队伍。加强各级各类学校党的领导和党的建设工作。深入推进教育系统全面从严治党、党风廉政建设和反腐败斗争。

二是完善教育现代化投入支撑体制。健全保证财政教育投入持续稳定增长的长效机制，确保财政一般公共预算教育支出逐年只增不减，确保按在校学生人数平均的一般公共预算教育支出逐年只增不减，保证国家财政性教育经费支出占国内生产总值的比例一般不低于4%。依法落实各级政府教育支出责任，完善多渠道教育经费筹措体制，完善国家、社会和受教育者合理分担非义务教育培养成本的机制，支持和规范社会力量兴办教育。优化教育经费使用结构，全面实施绩效管理，建立健全全覆盖全过程全方位的教育经费监管体系，全面提高经费使用效益。

三是完善落实机制。建立协同规划机制、健全跨部门统筹协调机制，建立教育发展监测评价机制和督导问责机制，全方位协同推进教育现代化，形成全社会关心、支持和主动参与教育现代化建设的良好氛围。

第三章
在工程训练中树立正确的劳动观

劳动是人类的本质活动，它区别了人和动物的本质，是人类社会生存和发展的基础。不论时移世易、时代变迁，我们始终坚信劳动创造了社会物质，劳动创造了社会文化，劳动创造了社会财富，劳动创造了幸福。

在工程训练教学中，大学生通过参与体验式教育，设身处地置于生产劳动场景中，亲身参与生产劳动，能够在其中增强劳动能力、提升劳动素质。可以说，这是整个大学生劳动教育体系中最适合树立正确劳动观的实践场景。

一、什么是正确的劳动观

当前，社会上还存在着轻视劳动的不良倾向，从根本上讲，这是劳动价值观错误的问题。这也凸显出当前推进劳动教育的意义所在。劳动教育就是要在全社会创造浓厚的劳动文化，激发青少年学生热爱劳动的内生动力，教育引导他们学会劳动、学会勤俭、学会感恩、学会助人，立志成长为德智体美劳全面发展的社会主义建设者和接班人。劳动教育旨在立德树人，让学生牢固树立劳动最光荣、劳动最崇高、劳动最伟大、劳动最美丽的正确劳动观。

（一）树立正确的劳动价值观

劳动创造价值，不劳动者不得食。劳动价值观是人们对劳动的基本观点和看法，回答的是是否应该劳动的问题。有什么样的劳动价值观就会有什么样的劳动取向和具体行为。

1. 劳动最光荣

"任何一个民族，如果停止劳动，不用说一年，就是几个星期，也要灭亡。"[①] 劳动，作为人的本质体现，是推动人类不断适应并改造自然的原动力。通过劳动的媒介，人类能够将主观意识转化为实实在在的客观存在。纵观人类文明的演进历程，我们不难发现劳动始终如一地贯穿其中。它不仅满足了人们对物质的追求，更在精神上赋予人们力量和进步。可以说，劳动是推动社会进步和个人全面成长的关键因素，是推动人类从远古石器时代迈向现代信息社会的核心力量。劳动的主体是人民，历史的书写者也是人民，而劳动光荣的理念正是对劳动者价值和尊严的深刻认可和崇高赞誉。

在劳动的世界里，最值得我们推崇的是那种无私的奉献精神。我们鼓励每个人在劳动中展现出这种精神，当个人利益和集体利益发生冲突时，我们需认识到集体利益的重要性并愿意为之让步。每个人都应具备全局观念，不应因小利益去损害他人，更不能以牺牲他人为代价来谋求一己之利。个人的成就和价值，需要在广阔的社会背景下衡量。只有当个人的劳动成果被社会所认可，其真正的价值才得以显现。而这种认可，会进一步激发劳动者的热情，促使他们为社会贡献更多的价值。

---

① 《马克思恩格斯文集(第9卷)》，北京：人民出版社2009年版，第38—39页。

劳动最光荣，这不仅是一种道德上的升华，更是价值观上的一种深刻转变。它代表了所有辛勤劳动者的共同信念。在新时代，我国更需要弘扬这种劳动精神，将其作为培育社会主义核心价值观的重要内容。通过营造尊重劳动的社会氛围，可以深化人们对劳动的理解和尊重，明确区分和抵制那些消极懒惰、追求享乐的不良价值观。只有当劳动最光荣的理念深深植根于人们心中，新时代的劳动精神才能焕发出勃勃生机。

2. 劳动最崇高

习近平总书记2013年4月28日在全国劳动模范代表座谈会上强调"劳动最崇高"理念，体现出总书记对"劳动"的深刻认识和独到见解，生动地展现了新时代劳动的崇高属性和重要作用。这也是对马克思主义劳动思想的凝练升华，"劳动最崇高"激发了广大劳动者对劳动的热爱之情，为全社会注入了崇尚劳动的正能量。

在马克思的深邃视野中，劳动不仅被视为一种经济活动，更被看作是治愈一切社会弊病的"强大解药"。这种对劳动的深刻理解和高度推崇，使得对劳动的热爱与尊重成为一种广受赞誉的美德。当我们回望中华民族波澜壮阔的历史长河时，可以清晰地看到，是无数代中华儿女凭借着坚韧不拔的意志和勤劳的双手，共同铸就了辉煌灿烂的五千年文明。这种勤劳精神，已经深深烙印在中华民族的文化基因中，成为激励着中国人不懈奋斗的精神支柱。

崇高的劳动精神，其根源在于那些崇高的劳动群众。广大劳动者在日复一日的辛勤耕耘中、在与困难和挑战的斗争中，逐渐培育并传承了崇高的劳动精神。他们不仅是社会发展的实践主体，亲手推动着社会的进步和变革，更是这一伟大进程的见证者、积极的参与者和卓越的创造者。劳动者以他们的勤劳和智慧，为国家的发展、社会的进步奠定了坚实的基础。

通过坚持不懈地劳动，劳动者将自己的梦想与追求，深深地熔铸于祖国的发展与复兴的伟大征程中。在劳动的实践过程中，劳动者们不仅挖掘了自身的巨大潜能，更汇聚起一股股强大的精神动力。在新时代的征途上，劳动者们团结一心、携手并进、勇往直前，以实际行动不断丰富和发展着新时代的劳动精神。时代的前进与社会的繁荣，都离不开这些勤劳朴实的劳动群众的付出与奉献。新时代的劳动者们，肩负着社会主义现代化建设的重任，他们以崭新的姿态和昂扬的斗志，成为新时代劳动精神的传承者与弘扬者，续写着劳动的辉煌篇章。

3. 劳动最伟大

劳动之伟大，其根源在于劳动者之伟大。党的十八大以来，习近平总书记高度肯定劳动的价值。他热情讴歌劳模精神、劳动精神以及工匠精神，从而引领并推动全社会去弘扬"劳动光荣、技能宝贵、创造伟大"的时代风尚。习近平总书记的重要讲话精神不仅凝聚了亿万劳动群众团结奋进的磅礴力量，更助力我国创造了新时代中国特色社会主义的辉煌成就，推动我国昂首阔步迈上全面建设社会主义现代化国家的新征程。

劳动最伟大的理念，是理论与实践高度统一的体现。我们应当从世界观和方法论的双重角度出发，深入审视并理解劳动的"伟大"作用，促使全社会树立起正确的劳动价值观。这种价值观不仅仅停留在对劳动的理论认识上，更要与现实中的劳动实践相结合，以此引导社会对劳动价值的正确导向，进而形成广泛尊重劳动的社会共识。

劳动作为人类认识世界、改造世界的基本实践活动，不仅是推动人类社会发展的现实动力，更是人类实现幸福生活的必由之路。在中国特色社会主义新时代，劳动已经升华为一项造福人民、推动社会前进的伟大事业。人们可以通过劳动创造自己一直向往的美好生活，这一实践为人们坚持和追求共产主义的远大理想以及中国特色社会主义的崇高理想提供了根本途径。

劳动者，作为社会发展的实践主体，是伟大劳动精神的现实载体。进入新时代以来，我国始终高度重视劳动教育，大力弘扬工匠精神和劳模精神。我国通过劳动模范的先进事迹去感染人民，让尊重劳动、崇尚劳动的社会风气蔚然成风。这样的社会氛围不仅激发了劳动者的积极性和创造性，更为我国的社会主义现代化建设注入了强大的动力。

4. 劳动最美丽

劳动最美丽，这一观念首先引导我们从审美的视角去重新审视劳动。劳动这一实践活动，不仅塑造了物质世界，更在无声中流露出美的底蕴。当我们提及"美"，它不仅仅是对外在形态的赞誉，更是对劳动内在价值的肯定。"美"成了衡量劳动价值、评判劳动者德行的重要标准，它如同劳动的灵魂，深深融入其中。

马克思主义深刻地将劳动与美融为一体，揭示了主体在改造客观世界的劳动实践中所蕴含的美学意义。这使得人类在从事实践活动的过程中，能够遵循美的原则进行创造，从而催生出美的事物，不仅体现了劳动者的审美情趣，更激发了人们对美好生活的向往和追求。

劳动最美丽，这一观念引导我们从伦理的层面去重新审视劳动。劳动，不仅是一种生存的手段，更是一种崇高的美德。当我们回望党史、新中国史、改革开放史，可以看到在中国共产党的领导下，中国最广大的劳动人民以坚韧不拔的精神，创造出一个又一个的奇迹。在这一过程中，劳动者的价值得到了充分的体现，其社会地位也达到了前所未有的高度。涌现出的一批又一批劳动模范，他们感人的事迹和无私的奉献精神，成为广大劳动者的精神支柱。劳动模范无疑是民族的精英、人民的楷模。在他们的身上，劳动被视为一种美德，这种美德在社会上广为流传，激励着每一个人。它有助于全社会树立正确的劳动观念，让人们更加深刻地认识到劳动的重要性。在这样的氛围下，人们更加积极地参与劳动，努力在劳动中实现和彰显自己的人生价值。

综上所述，作为一种劳动观，劳动最光荣、劳动最崇高、劳动最伟大、劳动最美丽。汗水浇灌收获，实干笃定前行。习近平总书记指出："劳动创造了中华民族，造就了中华民族的辉煌历史，也必将创造出中华民族的光明未来。"[1] 展望未来，在实现中华民族伟大复兴的进程中，在中国式现代化事业中，焕发出更为强烈的主动精神的中国劳动人民，正努力用自己的双手创造更加美好的未来。

（二）树立正确的劳动实践观

劳动实践观回答的是如何开展劳动实践的问题，劳动实践要遵循正确的劳动实践观。

1. 劳动实践是通往成功的唯一道路

习近平总书记指出，"人世间的一切幸福都需要靠辛勤的劳动来创造"[2]，推进社会主义现代化强国之路任重而道远，"需要我们每一个人继续付出辛勤劳动和艰苦努力"[3]。唯有真抓实干，人们才能成就自己并助力他人成功，因为实践是检验真理的唯一标准，也是实现个人价值和社会价值的关键。同样，只有保持坚定的奋斗姿态，人们才能在新长征路上稳步前行，克服前方的种种困难和挑战。如今，我们离实现中华民族伟大复兴的中国梦越来越近，信心也越来越坚定。然而，我们必须清醒地认识到，实现这一伟大梦想绝非易事。它需要我们全体中华儿女齐心协力，共同进取，汇聚成一股强大的奋斗力量，如此方能攻克重重难关，最终达到这一宏伟目标。在这个过程中，每一个人

---

[1] 刘维涛、李昌禹、亓玉昆：《总书记这样礼赞劳动创造》，《人民日报》2023年10月09日，第1版。

[2] 习近平：《习近平谈治国理政》（第一卷），北京：外文出版社2018年，第4页。

[3] 习近平：《习近平谈治国理政》（第一卷），北京：外文出版社2018年，第41页。

的努力都是不可或缺的,我们必须携手同行,共同为实现中华民族的伟大复兴而奋斗。

2. 努力践行辛勤劳动、诚实劳动、科学劳动

习近平总书记强调,"实现我们确立的奋斗目标,归根到底要靠辛勤劳动、诚实劳动、科学劳动"。[①]

勤劳,作为劳动的基本要求,其深层含义在于强调劳动者应该以脚踏实地的态度对待手中的每一项任务。勤劳不仅仅需要身体上的劳作,更包括心智的投入,它要求劳动者全心全意、呕心沥血地钻研,不断探索和进步。勤奋工作,是每个投身劳动实践的人所应持有的基本态度。这意味着,在面对与"辛勤劳动"理念相悖的诱惑时,我们应坚守初心,展现出坚定的态度。我们不应沉溺于不切实际的幻想,比如"天上掉馅饼"这样的美事,也不能安于现状、庸庸碌碌地混日子,更不能寄希望于一夜暴富的奇迹。在追求物质满足的同时,我们更应注重内在的修养,树立正确的人生观和价值观,以此来指导我们的行为和选择。

诚实,无疑是最珍贵的劳动品质。新时代的中国青年,更应该秉承这种精神,用勤劳的双手和诚实的劳动去创造美好生活,坚决拒绝投机取巧,远离自作聪明的小聪明。诚实看似简单,实则既易又难。易在于,诚实无需任何技巧或伪装;难则在于,我们是否能始终保持初心,不忘使命,始终如一地践行诚实劳动。

科学的劳动实践观至关重要,坚持科学劳动包含两个方面。首先,我们要重视劳动方式和方法的科学性。这意味着我们应该善于从前人的工作中汲取经验,根据实际情况和劳动者的能力来制定合理的劳动

---

① 新华社:《习近平总书记在乌鲁木齐接见劳动模范和先进工作者、先进人物代表 向全国广大劳动者致以"五一"节问候》,《当代劳模》2014年第5期,第14页。

目标。其次，我们要积极利用科学技术来辅助劳动。科学技术作为第一生产力，不仅可以帮助我们制造出更高效的工具，还能推动劳动者学习和掌握科学与技术，从而有效降低劳动强度，减少人力消耗。这样，我们的劳动才能更加高效、更有价值。

3. 致力实现体面劳动、幸福劳动、创新劳动

劳动不是劳动者的负担，新时代的劳动，是满足劳动人民需求、致力实现人民自我价值的体面劳动与幸福劳动。2013年，习近平总书记在全国劳动模范座谈会上明确提出"努力让劳动者实现体面劳动"[1]。对劳动者来说，体面劳动不仅是一个抽象的概念，它代表着劳动者能够自主选择适合自己的工作岗位，并在这样的岗位上享受到优良的工作条件和舒适的工作环境。更为重要的是，体面劳动意味着劳动者能够获得与自身劳动价值相匹配的合理收入，这份收入不仅是对劳动者技能和努力的肯定，也是他们生活质量的重要保障。同时，体面劳动还意味着劳动者的社会地位得到提升，他们的工作得到社会的广泛认可和尊重。这种尊重不仅体现在物质回报上，更体现在社会对劳动者精神层面的支持和鼓励。体面劳动深刻反映了对劳动者的深切关怀和全方位关爱。每一个在岗位上辛勤付出的劳动者，他们的每一滴汗水、每一次努力，都应当得到充分的尊重和肯定。劳动者所创造的财富，理应属于他们自己，这是对他们劳动成果的最直接和最有力的认可。习近平总书记在多个重要场合都着重指出，实现劳动者的体面劳动和全面发展是我们社会的核心目标之一。他特别强调，应当从制度和政策层面给予一线工人、农民工以及困难职工更多的支持和关怀。这不仅包括提供更为优厚的工作待遇，还包括为他们创造更多的职业发展机会以及在社会各方面给予充分的尊重和认可。习近平总书记的话语

---

[1] 习近平：《在同全国劳动模范代表座谈时的讲话》，《人民日报》2013年4月29日，第002版。

深深体现了对广大劳动者的真挚关心和对公平正义的坚定追求。实现体面劳动，不仅能让劳动者的每一分付出都变得更有价值，更能有效激发他们的劳动热情和对自身职业的自豪感。当劳动者的尊严和劳动的价值在社会上得到广泛认同时，他们的积极性和创造力将被极大地调动起来，为社会的进步和发展贡献更多的力量。然而，要实现这一目标，并不是一蹴而就的。它需要政府、企业和劳动者个体三方的共同努力和协作。政府应当制定更加公平合理的劳动政策，为劳动者提供更多的权益保障；企业则应当承担起应有的社会责任，为劳动者创造更好的工作环境和条件；而劳动者个体也应当不断提升自身的技能和素质，以更好地适应社会发展的需求。只有这样，才能共同推动体面劳动的实现，让每一位劳动者都能在劳动中找到属于自己的价值和尊严。

追求幸福劳动是指利用自身劳动实践获得幸福。劳动行为本身便蕴含着深深的享受与幸福。它不仅是一种身体的运动，更是心灵的满足，是实现个人价值以及与社会和谐共处不可或缺的一环。对劳动者而言，要想达到幸福劳动的境界，就必须付出不懈的努力与坚韧的拼搏。在持续不断奋斗中，劳动者不仅拥有了对职业和生活的自由选择权，更能在每一次的努力后，从劳动的成果中体会到前所未有的满足感和成就感。这种幸福感，源于对工作的热爱，对成就的渴望以及不断突破自我的决心。幸福劳动，已经超越了仅仅作为生存手段的层次，它升华成了一种创造快乐、实现自我价值的过程。那些持续奋斗的人们，他们的精神世界是最为富足的。他们深知幸福的含义，也最懂得如何去享受和珍惜这份幸福。在新时代的背景下，劳动者所追求的，已经不仅仅是物质层面的满足，更多的是一种精神上的富足。他们需要的，是对自己文化的自信，是对生活态度的自信，更是对未来充满希望的自信。同时，我们不能忽视的是，劳动的结果也是幸福的重要来源。每当劳动者看到自己的努力转化为可见的成果，无论是在生产效率的提高上,还是在产品质量的提升上,甚至是在个人技能的进步上,他们都会从中获得巨大的满足感。这种满足感,不仅证明了他们的价值,更让他们在不断的实践中实现自我突破,充分展现出生命的无限可能和价值。然而,这些成就和价值,并非轻易可以获得的。它们需要时间的沉淀,需要精力的投入,更需要通过不断劳动去争取和实现。奋斗,已经成为新时代劳动者的特权,也成为他们追求、争取、维护自己幸福的有力武器。在这个过程中,劳动者不仅实现了自我价值,也为社会的进步和发展作出了积极的贡献。

创新是开展劳动实践的方法。善于创新,才能做好劳动实践。创新劳动是对新时代劳动者是否具备创新意识及创新能力的应然考察,也越来越成为衡量劳动效率,乃至劳动者综合素养的关键指标。习近平总书记强调:"创新是一个民族进步的灵魂,是一个国家兴旺发达的不竭动力,也是中华民族最深沉的民族禀赋"[1],所以在劳动实践中"惟创新者进,惟创新者强,惟创新者胜"[2]。在当前时代背景下,创新驱动发展战略已被提升至国家层面,成为推动国家整体发展的核心策略。我们正处在一个建设创新型国家的崭新阶段,这不仅是一个国家战略方向的转变,更是一种时代精神的体现。为了响应这一时代的召唤,构建一支包含知识型、技能型、创新型的劳动者队伍显得尤为重要,这不仅是国家和社会发展的迫切需求,更是推动时代前行的关键力量。创新,作为推动社会进步的首要驱动力,其重要性不言而喻。而劳动,是实现每个人自由全面发展以及助力中华民族伟大复兴不可或缺的实践路径。劳动创新观的提出,旨在激发广大劳动者的创造活力和创新精神,特别是鼓励那种前所未有的首创性思考与实践。这意味着,新

---

[1] 习近平:《在欧美同学会成立100周年庆祝大会上的讲话》,《人民日报》2013年10月22日,第2版。

[2] 习近平:《习近平谈治国理政》(第一卷),北京:外文出版社2018年,第59页。

时代的劳动者需要以更加开放的心态，勇于在劳动实践中探索新思路，敢于挑战传统，以创新和开拓的精神投身到每一项劳动创造中去。随着我们步入新时代，信息化的浪潮带来了前所未有的变革，数字劳动的广泛普及使得劳动的形式发生了深刻的变化。传统的劳动方式正在被逐渐颠覆，创新已经成为新时代劳动中不可或缺的元素。它不仅仅是一个积极的附加因素，更是影响生产力发展的核心要素。创造性劳动，以其独特的价值和影响力，正逐渐成为新时代的标志性需求和提升国家核心竞争力的关键所在。因此，我们必须重视并培养每一位劳动者的创新意识和创造能力，以适应这个快速发展的时代。

（三）树立正确的劳动精神观

国无精神不强，人无精神不立。习近平总书记在2020年全国劳动模范和先进工作者表彰大会上明确强调："在长期实践中，我们培育形成了爱岗敬业、争创一流、艰苦奋斗、勇于创新、淡泊名利、甘于奉献的劳模精神，崇尚劳动、热爱劳动、辛勤劳动、诚实劳动的劳动精神，执着专注、精益求精、一丝不苟、追求卓越的工匠精神"[1]。可以说，劳动精神观是劳动观的"魂"，是劳动者的内生力量。具体到新时代劳动精神观，劳模精神、劳动精神、工匠精神都是其中的重要代表。

劳模精神，被赞誉为中国共产党人精神谱系中的璀璨瑰宝，不仅承载了共产党百年的精神传承，更是新时代劳动精神的典范。它生动展现了无数劳动者坚韧不拔、奋发向前的精神面貌。劳动模范，作为广大劳动者的光辉榜样，其引领和示范作用举足轻重，激励着每一位劳动者向着更高的追求迈进。

劳模精神实质上揭示了新时代劳动精神的先进性。在当今时代，

---

[1] 习近平：《在全国劳动模范和先进工作者表彰大会上的讲话》，《人民日报》2020年11月25日，第002版。

每一位干部群众都是社会建设的积极参与者，都以劳动者的身份投身其中。然而，如何成为一名合格的劳动者，甚至成为一名杰出的劳动者，是我们每个人都需要深思的问题。劳动精神观为我们指明了方向，提供了精神支持和价值观念，它强调了劳动的尊严和价值，彰显了劳动精神观的普遍性和重要性。

在众多辛勤的劳动者中，工匠这一特殊群体值得我们特别关注。他们往往将一生奉献给某个行业领域，追求技艺与精神的融合，这种追求贯穿了中华民族悠久的历史。在新时代的劳动精神观中，工匠精神与劳模精神相辅相成，共同构成了劳动精神的丰富内涵。

我国倡导工匠精神，这既体现了马克思主义基本原理与中华优秀传统文化相结合的劳动观，也能够鼓舞各行各业的劳动者秉持精益求精的工作态度。这种劳动观的传承正是通过工匠精神来实现的。工匠精神不仅是对技艺的追求，更具有强烈的时代意义。对中国制造业而言，工匠精神是推动其勇往直前、不断创新的动力源泉；对我国企业来说，工匠精神是提高竞争力、塑造品牌形象的关键所在。

为了培养和弘扬工匠精神，劳动者需要具备专注、坚毅的品质，能够承受孤独和挫折的考验。我们要求每一位工匠都全身心投入工作，尽职尽责，对每一件产品、每一个生产环节都秉持严谨细致、追求完美的态度。

然而，工匠精神并非墨守成规、拘泥于传统，而是在坚守中寻求创新和进步。劳动者应坚守着伟大的理想和远大的目标，对工作的每个环节都尽职尽责，对理想信念矢志不渝，对成果的追求永不停歇。我国应该大力弘扬这种工匠精神，努力培育工匠文化，激发工匠情怀，引导广大劳动者勇于担当重任、创造辉煌成果。同时，我国也要为工匠们营造一个良好的环境，完善职业道德培训机制，构建健全的激励和保护体系，切实提升广大劳动者的社会地位。而广大劳动者也应该专心致志、坚韧不拔地追求卓越，努力成为杰出的大国工匠，为中华民族的伟大复兴注入强大动力。

(四)树立正确的劳动教育观

劳动教育包括两方面的内容：一是通过实践活动，使受教育者在实践中接受教育，锤炼其意志品质，即"以劳动为教育"；二是对受教育者进行思想、价值观念等方面的教育，培养受教育者的正确劳动观念，即教育性劳动观。2018年，习近平总书记提出了"五育"的教育理论，将劳动教育明确作为党的教育理念中的重要组成部分。

劳动教育关乎人的全面发展也关乎教育的价值最大化，《中共中央 国务院关于全面加强新时代大中小学劳动教育的意见》指出"劳动教育是国民教育体系的重要内容，是学生成长的必要途径，具有树德、增智、强体、育美的综合育人价值。"劳动教育观深入揭示了劳动所蕴含的教育意义及其在教育领域的独特价值。它不仅聚焦于学生的综合素养提升，同时也关注到职业劳动者、党员干部以及广大群众的多样化教育需求。劳动教育的核心任务紧密围绕"立德树人"的原则，旨在培养深厚的劳动情感，传授实用的劳动知识以及训练精湛的劳动技能，以期培育出德智体美劳全面发展的新时代人才。

首要关注的是对青少年的劳动教育。青少年作为国家和民族未来的栋梁，正处于人生观、价值观形成的关键时期，其劳动观念和行为习惯正在塑造的过程中且易于调整。在当今物质充裕、生活水平大幅提升的背景下，青少年参与劳动的必要性时常被忽略，甚至出现了轻视劳动、缺乏劳动技能的现象。因此，对青少年进行及时的劳动教育至关重要。这一教育过程应遵循教育发展的内在规律，科学规划从幼儿园到大学的劳动教育内容。在课程设计方面，应采取循序渐进的方法，通过劳动实践引导青少年树立正确的人生观。同时，应着力解决劳动教育中理论与实践脱节的问题，打造出让学生受益终身的劳动课程体系。

其次，对党员干部的劳动教育同样占据重要地位。热爱劳动不仅体现了党员的先进性，也是党员保持政治本色的重要方式。劳动对共产党人保持政治本色、维护政治健康、发扬优良传统以及自觉抵制不良风气具有重要意义。党员干部应以"一日不劳动便深感羞耻"的政治自觉，切实履行为人民服务的职责。因此，对党员干部的劳动教育应避免流于形式，而应通过实实在在的劳动深入群众，加强与群众的联系，扩大党的群众基础，进一步巩固党的执政地位。

最后，对职业劳动者的劳动教育亦不可忽视。国家对职业教育的高度重视反映了职业人才在实现从制造大国向制造强国转变中的关键作用。习近平总书记明确提出要大力发展职业教育和培训，以提升劳动者的专业技能。对职业劳动者的劳动教育来说，既要培育他们的专业精神和精湛技艺，也要提高他们的劳动素养和综合能力。这样一来，职业劳动者便能更好地融入国家和社会的发展大局，实现个人价值与社会价值、国家价值的和谐统一，共同构建一支高素质的劳动力队伍。通过这样全面而深入的劳动教育实践，能够有力推动社会的进步与发展，为实现中华民族伟大复兴的中国梦作出积极贡献。

总之，劳动作为人类的本质活动和特有的基本社会实践活动，是创造物质财富和精神财富的过程，是人类社会存在与发展的基础，是实现人的自由全面发展的基础，是推动人类社会进步的根本力量。劳动观，是人们对自身或他人劳动的根本看法和态度及其对劳动的本质、目的、价值、内涵和要求的根本观点。当代大学生开展劳动教育，首先要从思想上明晰劳动是什么，并在此基础上明辨不同的劳动观念，树立正确的劳动观，抵制错误的劳动观。

树立正确的劳动观包括树立正确的劳动价值观、劳动实践观、劳动精神观、劳动教育观。但对新时代大学生而言，正确的劳动价值观不是凭空而来的，它只能在包括工程训练在内的劳动教育中习得。

二、在工程训练中践行以劳树德

国无德不兴，人无德不立。"德"是个体言行中表现出来的稳固的特征，就其实质来说，其是道德价值和社会规范在个体身上内化的产物，是个体社会行为的内部调节机制。大多数特定社会环境下，德存在基本的认同规范，守规者被认为是品德高尚者，违规者则被认为是品德低劣者。依此推知，劳动品德就是个体对劳动所表现出来的相对稳定的言行特征，遵从社会劳动规范会被认为具有良好的劳动品德，否则便被认为劳动品德不佳。在现实生活中，当"德"与"劳动"相连构成以劳树德的逻辑时，便已经被赋予了一种积极向上的寓意。

（一）作为劳动教育的工程训练树何种德

作为具有实践性、基础性和通识性特点的大学生生产劳动教育，工程训练通过使学生置身于真实的生产劳动环境中，达到增强生产劳动的能力和素质的目的。工程训练本身就是一种劳动，本质上是在劳动中淬炼大学生的劳动能力与劳动素养，并在这一过程中树牢当代中国大学生的劳动品德。

1. 在工程训练中树牢劳动光荣的精神

劳动既是打开个人幸福之门的钥匙，也是人类摆脱部分自然约束、不断进化、推动社会持续进步的根本动力，因而也是每个人应尽的社会职责。我国宪法也明确规定，中华人民共和国公民有劳动的权利和义务，劳动是一切有劳动能力的公民的光荣职责。在社会主义国家，劳动只有社会分工不同，没有高低贵贱之分，每一个辛勤劳动的人首先应当是在自己的岗位上尽心尽力工作的人，是兢兢业业完成职责之内基本任务的人。岗位无贵贱，劳动是为追求美好生活所进行的付出，苦中带着甜；劳动是为实现人生价值所做出的努力，越主动越可贵。

大灾大难面前奋不顾身的官兵战士，重大任务降临时日夜奋战的科研尖兵，还有那些为帮助公司走出困境默默加班的普通职工，他们无怨无悔地努力劳动，用辛勤付出让劳动精神更加光辉灿烂。

2. 在工程训练中树牢爱岗敬业的精神

爱岗敬业是职业道德的基石，是社会主义职业道德所倡导的首要规范，是社会主义核心价值观的重要内容。1996年10月，中国共产党第十四届中央委员会第六次全体会议审议通过了《中共中央关于加强社会主义精神文明建设若干问题的决议》，指出爱岗敬业是社会主义道德建设的重要内容，要大力倡导爱岗敬业的职业道德。爱岗敬业就是指劳动者无论从事什么职业，身处何种岗位，都要干一行爱一行，热爱自己的本职工作和工作岗位；就是对自己的工作要有敬畏心；就是要以正确、恭敬、严肃的态度对待自己的职业劳动，努力培养工作幸福感和荣誉感。爱岗敬业就是要勤勤恳恳、兢兢业业、忠于职守、尽职尽责。爱岗敬业是社会主义职业道德倡导的首要规范，是对劳动者提出的最基本、最起码、最普通的道德要求，还是实现职业目标的重要内容，也是事业成功的必要因素。当代劳模无一不是践行爱岗敬业的典范。劳模彰显出爱岗敬业的崇高美德，感染和激励着我们——只要爱岗敬业，再平凡的工作都能作出巨大的贡献，体现自我价值，创造出社会价值。2001年9月20日，中共中央印发的《公民道德建设实施纲要》指出："坚决纠正损害群众利益的行业不正之风，反对假冒伪劣、欺诈行为，大力培育爱岗敬业、方便群众、优质服务的敬业精神"。因此对大学教育而言，必须明确"要把道德特别是职业道德作为岗前和岗位培训的重要内容，帮助从业人员熟悉和了解与本职工作相关的道德规范，培养敬业精神"[①]。党的十八大报告所倡导的社会主义

---

① 《加强和改进大学生思想政治教育重要文献选编（1978—2008）》，北京：中国人民大学出版社2008年第319页。

核心价值观中，将"敬业"作为社会主义核心价值观的重要内容之一，在个人层面针对公民职业道德方面再一次提出了爱岗敬业的核心要求。党的十八大以来，习近平多次强调要爱岗敬业。他指出，"全面建成小康社会，我国亿万劳动群众是主体力量。希望我国广大劳动群众以劳动模范为榜样，爱岗敬业、勤奋工作，锐意进取、勇于创造，不断谱写新时代的劳动者之歌。"[①]习近平在对黄大年同志先进事迹的重要指示中指出，要学习黄大年同志"教书育人、敢为人先的敬业精神"，这为我们在新形势下弘扬爱岗敬业的职业精神、共筑民族复兴的伟大梦想注入了强大的思想和行动力量。习近平在党的十九大报告中指出，要"弘扬劳模精神和工匠精神，营造劳动光荣的社会风尚和精益求精的敬业风气。"新时代，中华民族要实现伟大复兴的梦想，需要劳动者坚守岗位、勤奋敬业，需要大力弘扬劳模精神。爱岗敬业是当代中国劳模精神的首要内涵，弘扬当代中国劳模精神有益于营造并实现爱岗敬业的时代新风尚。可以说，一个人若要立志成为爱国爱民、敬祖敬贤的伟人，首先应当做一名爱岗敬业、辛劳勤勉的普通劳动者，而一个真正日日吃苦而不觉苦的劳动者，内心也一定装满了家国情怀。正是这种品高德重的劳动者，放大了劳动精神的感召力、凝聚力和引领力，是劳动精神的升华，是劳模精神和工匠精神的体现，绽放着新时代的"劳动美"。

3. 在工程训练中树牢诚实劳动的精神

劳动创造财富，劳动者就是最大的财富，而这笔财富能否持续增值，关键在于每一位劳动者能否珍惜它的宝贵信誉。加强劳动品德培育既要能够"坐而论道"，也要积极"起而行之"，更要做到"行而有信"。第一，遵纪守法是劳动品德的底线。信用关系是人与人合作发展

---

① 习近平：《在知识分子、劳动模范、青年代表座谈会上的讲话》，《人民日报》2016年4月30日，第02版。

的基本关系，信用关系的建立需要法律和道德的共同作用。法律是成文的道德，道德是内心的法律，两者具有一定功能上的互补性和替代性，是社会活动的润滑剂。对产品和服务的经营者来说，合法守规经营更是一道安全网，机会主义和短期行为或许可以蒙蔽一时，但不会带来基业长青。比如，应遵守工作场所中的职业健康相关法规，保护职工安全，消除安全隐患，避免发生工作危害事件。对劳动者而言，令人尊敬的劳动品德也来自自我克制和自我控制，应遵从内心追求真善美的呼唤。遵守国法行规同样是劳动品德的要求，比如不违背职业伦理，不把法律上对劳动者的一些特殊保护作为自身短期行为的"避风港"，不违反竞业限制与保密义务的经济法规则。第二，诚实守信是劳动品德的内在要求。孟子将"诚"与"信"相结合提出了道德修养论，千百年来，已经成为中华民族众多仁人志士的立身之本，同时在当代社会人际关系、社会秩序和治国理政中仍旧发挥着不可替代的重要作用。进入新时代，诚信已经成为社会主义核心价值观在个体层面对公民行为准则的价值评价之一，是公民职业行为"敬业"准则的延展和落地。从普遍意义上讲，忠于职守首先要诚实劳动，即要求人们在劳动创造过程中尊重客观事实，不作假、不欺骗、不投机、不耍滑；克己奉公的重点是信守承诺，要求人们遵守诺言、信守契约精神，以个体行为约束共同维护集体信誉形象；服务人民的前提是诚恳待人，要求人们为人处世实实在在、坦坦荡荡，不欺人亦不自欺。第三，尊重科学和规律同样是重要的劳动品德。一切劳动行为都要尊重科学，遵守行规，偏离科学或行规的劳动往往是低效或无效劳动，违背科学的劳动创新甚至内含巨大的破坏力，而符合科学规律的劳动则能够更加有效地提升劳动的价值。马克思阐明，人的全面而自由的发展是未来新社会的根本标志。社会发展基本规律的具体形式是劳动方式与科学技术相互作用的规律。劳动效率和价值的提高也有其内在规律，卫生设施和服务的改善可提高劳动者的身体素质；接受学校教育、培训活动等可提升劳动者的理论素质和技能素质，使劳动者更好地运用现有的技术，更容易运用或开发新的方法；合理分配时间，避免过度劳动，也可以提高劳动效率。另外，现代生产方式下，人们的心理压力有所增加，焦虑、抑郁现象时有发生，这提醒我们关注劳动者的心理健康，建立有效缓解劳动者心理疾病的机制。

4. 在工程训练中树牢珍惜成果的精神

"谁知盘中餐，粒粒皆辛苦。"珍惜劳动成果就是尊重劳动的具体表现形式、尊重劳动人民的真挚情感流露，既有助于国家资源的节约和社会财富的积累，也有助于个人进取精神和高尚品德的培养。珍惜劳动成果近似于勤俭节约，勤是俭的前提，俭是勤的延续，勤俭节约的背后也就是艰苦奋斗精神的展现。中国广袤无垠，但资源并不算富足，勤俭的美德在中华文明漫长的演变史中从未陨落过。时至今日，生活条件好了，但还有很多人的生活并不富裕。主张珍惜劳动成果就是倡导艰苦奋斗，即便将来物质极大地丰富了，作为一种精神层面的存在，勤俭节约也永远不会落伍。对广大青少年来说，勤俭节约有助于激发奋发进取的精神，培养高尚的道德品质。通过劳动，人们不但能学会艰苦奋斗、吃苦耐劳、坚强不屈，而且能够体会劳动成果的来之不易，学会艰苦朴素、勤俭节约，不断提升自己的职业素养和做人品行。勤劳致富，勤俭持家，是艰苦奋斗的本色。在消费主义悄然兴起的背景下，有部分青年人已经主动开启了一种极简的生活模式，他们意识到"节流"对其生活的积极改变，极度自律，这些年轻人倡导"反对铺张浪费和过度消费"，无疑成为消费时代的一股清流。

（二）作为劳动教育的工程训练如何树德

劳动是教育孩子品德很好的方式，不流汗、不懂得吃苦就不会懂得珍惜，空有动机，没有纪律，没有毅力去完成，也是枉然。评价人才，应德才兼备，以德为先。按照《中共中央 国务院关于全面加强新时代大中小学劳动教育的意见》精神，坚持立德树人，就要将劳动教育纳入人才培养全过程，把劳动教育与德育、智育、体育、美育相融合，尤其要注重用好思想政治理论课堂这个主渠道、主阵地，充分发挥德育和劳育的协同效应，引导大学生逐步树立正确的劳动观。每一位大学生都应当重视自身劳动品德，回归"人"本身的价值，回归到"劳动"的整个过程，革新观念，疏导情绪，坚定意志，规范言行，加深对劳动本质的认知，调整劳动动机，改进劳动态度，深化劳动体验，在"知、情、意、行"四个维度中同步提升自己的劳动品德。

1. 通过工程训练升华劳动认知

认知是人们通过知觉、记忆、思维等智力过程对信息的获取、转换、储存、提取和使用，最终能够形成控制情绪和指导言行的观念，而不断学习和思考是改进观念和升华认知最重要的途径。《中共中央 国务院关于全面加强新时代大中小学劳动教育的意见》明确提出，"通过劳动教育，使学生能够理解和形成马克思主义劳动观，牢固树立劳动最光荣、劳动最崇高、劳动最伟大、劳动最美丽的观念""促进学生形成正确世界观、人生观、价值观"。这既是大学生接受劳动教育的总体目标，也是大学生在现实劳动过程中应当牢记的基本信念，更是指导和评价大学生劳动教育成效的最高准则。

针对当前部分年轻人错误、扭曲、不当的劳动认知，每一位大学生都应当作深刻的自我反思，并通过不断学习革新劳动观念。最根本也最有效的方法是要加强对马克思主义关于劳动经典作品的研读，重点学习其中关于劳动本质的科学论述，从世界观和人生观的视角回归到"人"的价值层面上，以个人的全面发展为目标，设法与自己的专业课程和思政课程学习相融合，不断深化对劳动价值观的认识，通过"课中学"与"研中学"提升个人劳动科学素养。

此外，还要结合时代发展变化和现代经济特征灵活把握劳动的要义，按照历史唯物主义的思想方法，更加科学地理解人性、理解劳动、理解社会、理解中国特色社会主义新时代历史方位。同时要设法调动自身主体性和自觉性，将经典劳动观与新时代劳动价值论结合起来，努力追求人的自尊、自重、自爱，重新发现劳动的价值和创造的意义，并在日常专业实践和工作过程中强化认知，通过"干中学"逐步加深对自然世界、人类社会的认识，完成总结、思考和升华的过程，感悟到劳动改造了自然世界，劳动创造了人类社会，劳动构建了美好生活，人类只有通过劳动才能深刻理解客观世界、洞悉心灵空间，从而创造外在和内在的幸福感受。

2. 通过工程训练端正劳动动机

劳动价值观并不直接作用于人们的劳动行为，它是在某种生理或心理动机作用下完成的，而激发动机的特殊装置便是情感和情绪。人们对劳动的情感或在劳动中产生的情绪是存在差异的，但无论是积极的还是消极的主观体验，都会引导人们产生不同的劳动行为，这些行为反过来又会强化、缓解或释放人们的劳动情绪。《中共中央 国务院关于全面加强新时代大中小学劳动教育的意见》中提到的"热爱劳动""增强对劳动人民的感情"和"具有劳动自立意识和主动服务他人、服务社会的情怀"等正是对劳动动机自我调节的要求。

大学生是未来社会的高等人才，其劳动行为和创造成果都具有示范和放大效应，只有在日常劳动中饱含积极正向的情感或情绪，才能激发起既利己又利人的行为动机，进而引导自己的劳动行为更好地服务社会。

大学生劳动品德的涵养中一个很重要的内容是对道德情感的教育，它关系到大学生对劳动的爱憎、好恶、赞成或反对的程度，同时也会影响到对身边劳动者的情感和自身在劳动过程中的情绪。大学生要充分认识到，社会分工和现代科技导致不同劳动者之间的分割正在加剧，对话在减少；道德层面价值观也越来越趋向多元化，差异性也在增加。只有不断进行必要的情绪疏导，关注、关心和尊重身边的每一位劳动者，才能避免与整体劳动者队伍拉大距离，陷入只关注自己当下状况或只关注"诗和远方"的两个极端中，也才能避免陷入极端化情绪之中。大学生既要学习袁隆平、王进喜、郭明义等知名度较高的劳动模范的光荣事迹，也要积极了解身边的普通劳动者，戒除"劳模精神、劳动精神距离自己的日常生活很遥远"的认识。

除了热爱劳动的情怀，良好的劳动品德还经常来源于与身边劳动者的沟通。劳动情绪疏导最为现实也比较有效的方法是加强与身边人的互动，懂得人与人之间如何交流，在与他人的互动中激发积极的劳动动机。换句话讲，大学生劳动品德的涵养还需要通过"附近"关系的构建来实现自身和普通劳动者的连接，让自己能够有机会重新观察身边的劳动者，重新审视校园里平凡普通的劳动者的重要作用，拉近与校园里的保洁阿姨、食堂里的师傅、大门的保安人员的距离；通过社会调查和实践活动走进生产线，认识我们身边的真实的劳模和工匠，认识他们真实的劳动环境、劳动过程，让他们不再作为一个符号或一个身份，而是一个个看得见的活生生的人。

3. 通过工程训练坚定劳动意志

劳动情绪通过激发动机引导劳动行为。劳动行为不是一个简单的动作，而是一个包含了不同阶段劳动决策和各种具体活动的持续性劳动过程。在这一过程中，劳动者会借助于特定的思维模式形成固定的劳动意志。决定着人的劳动投入和能否坚持下去的品质，是人对自身劳动行为关系的主观反映。《中共中央 国务院关于全面加强新时代大中小学劳动教育的意见》提出，要注重抓住衣食住行等日常生活中的劳动实践机会，鼓励孩子自觉参与、自己动手，随时随地、坚持不懈进行劳动，养成从小爱劳动的好习惯。对大学生来讲，就是要随时做好利用自己所学专业从事创造性劳动的准备，慎重选择职业方向，一旦选择就要有坚持下去的顽强意志。

意志支配劳动决策并调节具体的劳动行为，具有自觉性、目的性和主观能动性。坚定劳动意志需要大学生不断提高控制不合宜心理因素和行为习惯的能力，增加自制力和自控力，改变慵懒的学习和生活习惯，对积极的劳动行为持续进行正强化，加强自我约束和自我激励，在不断的自省和自我思考中磨炼艰苦奋斗的意志品质，形成持之以恒的劳动观念和行为。建设知识型、技能型、创新型劳动者大军，实现从"制造大国"向"制造强国"的转变需要大学生增强荣誉感和使命感，贡献自己的聪明才智，更需要大学生用自己的行动来弘扬劳模精神和工匠精神，在工作中有耐心，能坚持，注重细节，追求极致，带头营造劳动光荣的社会风尚和精益求精的敬业风气。

4. 通过工程训练强化劳动体验

优秀的劳动品德最终要落实于具体的劳动行为才有现实意义。德性是随时间推移在实践中逐渐发展的，对劳动品德的培育不能离开实践的土壤。从教育的视角看，劳动是劳动教育的本体论范畴，劳动品德的涵养还要回归到"劳动"本身。《中共中央 国务院关于全面加强新时代大中小学劳动教育的意见》十分强调"强化实践体验，让学生亲历劳动过程，提升育人实效性"，并明确提出要"让学生动手实践、出力流汗，接受锻炼、磨炼意志，培养学生正确劳动价值观和良好劳动品质"。可见，大学生劳动品德的涵养最终还是要落实在日常劳动体验上。

国有国法，行有行规，大学生丰富和深化劳动体验要从规范自身言行做起，用心领悟，用行动展示，避免走表演、作秀的形式主义路线。正像陶行知先生主张的那样，"在劳力上劳心"才是理论与实践的结合。换句话讲，大学生劳动品德的习得需要将自主选择、自我判断和自我反省的理念付诸实践，端正劳动态度，锤炼意志，在更加微观和具体的实践导向中回归自然，回归劳动的具体场域。在劳动实践中应锻炼独立生活能力，保持勤俭朴实的生活方式；在劳动实践中应提升审美能力、道德判断能力；在劳动实践中应积累宝贵的人生经验，汲取精神成长的养料，获得自我发展的动力。大学生应从被动接受劳动实践走向积极体验劳动实践，让自己对劳动的认知、情感和意识在实践中得以升华。

三、在工程训练中重点弘扬劳模精神

习近平在知识分子、劳动模范、青年代表座谈会上的讲话中指出："劳动模范是劳动群众的杰出代表，是最美的劳动者。劳动模范身上体现的'爱岗敬业、争创一流，艰苦奋斗、勇于创新，淡泊名利、甘于奉献'的劳模精神，是伟大时代精神的生动体现。我们要在全社会大力宣传劳动模范的先进事迹，号召全社会向他们学习、向他们致敬。"[①]劳模精神是一种导向，凸显了劳动最光荣、劳动最崇高、劳动最伟大、劳动最美丽的时代风尚，能够引导全社会劳动者爱岗敬业，开拓创新；劳模精神是一座丰碑，在群众中有着独特的影响力、凝聚力和感召力，激励着中国人民自强不息、争创一流；劳模精神是一个品牌，是党和人民共同创造的具有中国特色的崇高精神，体现并诠释着民族精神与时代精神。

（一）当代中国劳模精神的内涵

中国特色社会主义已进入新时代，中国劳模精神一方面延续了过

[①] 习近平：《在知识分子、劳动模范、青年代表座谈会上的讲话》，《人民日报》2016年4月30日，第02版。

去年代的精髓要义,另一方面又显露出新的时代内涵。当代中国劳模是社会主义改革开放和建设中优秀劳动者的典范,当代中国劳模精神鼓舞着成千上万的普通劳动者坚守理想信念、立足本职岗位、奋勇当先当优、勇于创新创造,以主人翁的姿态诠释爱党爱国、兢兢业业、恪尽职守、无私奉献、宁静致远的精神风貌。

1. 爱岗敬业是新时代中国劳模精神的基础

爱岗敬业的源头是劳动。不劳动就没有人类的产生,就没有人类社会的发展,就不会有爱岗敬业,就不会有劳模精神。弘扬劳模精神就必须追根溯源——从崇尚劳动开始,在充分理解劳动的重要意义与作用的基础上,让人充分感受到展现自身价值的唯一途径就是进行劳动。职业是人类在劳动过程中的分工现象,人类社会劳动分工形成了职业,随着社会的不断发展,劳动分工越来越细,职业越来越多,岗位设置也越来越具体化,爱岗敬业也就成为崇尚劳动的代名词。具有爱岗敬业的品质是成为劳模的最基础条件,当代中国劳模都具有爱岗敬业的职业态度和职业道德,爱岗敬业也就成为当代中国劳模体现出劳模精神的基础。

2. 争创一流是新时代中国劳模精神的灵魂

争创一流是当代劳模具有竞争力、战斗力和爆发力的精神源泉。中国传统中庸观念中的消极倾向是一种个人狭隘思想,忽略了对人的潜能与能力的认可。受其影响,易使人形成保守思想,对工作缺少热情和激情。追究这些现象的原因,最关键的就是缺少劳模精神所彰显的争创一流的品行,缺少劳模那种一往无前的闯劲、不畏艰难的拼劲、百折不挠的韧劲和争先创优的干劲,缺少干大事、创大业的意识,缺少攻坚克难的胆识,缺少自我超越、开拓进取的精神。广大劳模在工作中不断强化自身竞争意识,善于"比",敢于"拼",争当各个行业和岗位的排头兵。当代劳模在中国特色社会主义建设和改革开放的历史进程中，不仅和自己的过去比、和本单位比，还和国内外的业内同行比，谁领先就向谁学习。广大劳模以不能等待的危机感、不能拖拉的责任感、不能落后的紧迫感、不能退却的使命感，振奋精神、坚定信心、鼓足干劲，以舍我其谁的勇气去奋斗、以蓬勃向上的朝气去进取、以一马当先的锐气去开拓、以敢为人先的风范去拼搏、以争创一流的情操去奋进，在比拼中扬鞭奋蹄，在竞争中创造价值，在发展建设中国特色社会主义事业的进程中绽放生命的精彩。当下，如果没有了争创一流的精气神，劳模精神就失去了竞争力，就没有了战斗力，就不会有爆发力，当代中国劳模精神就失去了灵魂。市场经济就是竞争经济，固步自封、安于现状的思想行不通，小富即安、小进则止的思想也要不得，争创一流是市场经济环境造就而成的劳模精神要素，符合现代社会主流思想。市场经济需要竞争，需要劳模勇往直前、开拓进取，用一流的技术、一流的管理、一流的产品、一流的品牌、一流的服务、一流的信誉、一流的口碑，树行业标杆。固步自封、甘于落后不是当代中国劳模的风貌，争创一流、比学赶超才是当代劳模的整体风格。

3. 艰苦奋斗是新时代中国劳模精神的本色

艰苦奋斗是马克思主义的实践品格和价值取向。当代劳模正是凭借艰苦奋斗的价值追求，锐意进取、奋发有为，攻破了一个又一个阻碍实现中国特色社会主义现代化建设的难题，取得了一个又一个惊叹世界的成就。中国劳模秉承艰苦奋斗的优良作风，在工作中忘我劳动、开拓创新、奉献集体，表现出崇高的美德和精神风貌。当代中国劳模精神之所以能够继续发挥其号召力、感召力和影响力，就是因为劳模精神中包含着长期以来具有的、始终如一的艰苦奋斗精神因素，并成为当代中国劳模精神最稳定和永恒的本色。当代中国劳模在党的领导和教诲下，在艰苦奋斗中净化灵魂、磨砺意志、坚定信念，淋漓尽致地诠释着劳模精神的艰苦奋斗内涵。

4. 勇于创新是新时代中国劳模精神的核心

勇于创新是马克思主义的实践向度和理论品格。马克思主义认为，创新即人的存在方式。创新是人类特有的活动，是作为拥有智慧的高等生物的人的有意识的创造性实践，这种创新实践的目的是实现人的自由全面的发展，推动社会变革与发展。勇于创新是马克思主义的实践方向和价值向度，是马克思主义最宝贵的理论品格和精神品质，以马克思主义为指导的中国当代劳模精神，也必须要紧紧把握勇于创新这一内涵，并使之具有勇于创新的关键内容。当代中国劳模充分发挥了先锋模范作用，不断钻研科学技术，全面提升勇于创新的本领，锐意进取、勇于创新，不断增强善于创造的能力，结合实际运用互联网技术和信息化手段推动工作不断取得新成效，在自主技术研发、提升产品品质、改进管理模式等方面都取得了突出业绩，为中国特色社会主义现代化建设作出了突出贡献。

5. 淡泊名利是新时代中国劳模精神的境界

淡泊名利是中国传统名利观的集中体现，是中华民族传统美德。名利观是指人们对名利问题的根本看法和基本观点，属于价值观的范畴，也是一种人生观。中国古代的大多数流派的大多数思想家大都倾向于把名利视为"不祥之物"，虽然他们的表述各有不同，但对名利大都持鄙视的态度，劝导人们克制它、抛弃它。中国古代把淡泊名利看成是人应该具有的一种道德品行，用淡泊名利对人进行说服教育，并持续了几千年。儒家思想是中国古代社会的主导思想，它的名利观主要体现在孔孟思想及经典著作中的义利观点。儒家的义利观不反对人对名利富贵的追求，但强调这种追求应服从于仁义道德，不能违背

"义",也就是说对"义"的追求是无条件的,是第一位的,对名利的追求是有条件的,是第二位的。即所谓,"君子喻于义,小人喻于利"。儒家思想还提倡用一种豁达的态度对待名利。儒家提倡"齐家修身治国平天下"的积极入世理论,但同时也主张"天下有道则见,无道则隐"的功名态度,还劝导人们安贫乐道,反身向内,即"穷则独善其身,达则兼善天下"。道家的名利观,主要体现在老庄思想中,用一句话概括就是谦下不争、以守为攻。今天看来,虽然这种观点有悖于市场经济的竞争需求,但是对人的修养来说,却可以让人在物欲横流的当下免于浮躁、修身养性。老子"不争说"的观点是"天之道,利而不害;人之道,为而弗争"。意思是说,天的规律是利万物而不害万物,做人的规律是为而不争。"为而不争"恰恰体现出了当代中国劳模的一种精神境界。脚踏实地地去做,是劳模群体对待劳动和工作的根本遵循,不争并不是说不努力、不上进,而是不去争所谓的名与利。淡泊名利是中国劳模固有的精神境界,涵养着当代中国劳模精神。劳模从登上中国历史舞台起,就拥有着"淡泊名利"的精神境界。正确的名利观会影响和铸就高品位和高格调的人,新时代,我们仍然必须要倡导劳模保持的本来就具有的安贫乐道、甘于寂寞、淡泊自守、不求闻达的豁达态度,学习继承老一辈劳模谨守本分、淡泊名利的精神境界,做称职的劳模,弘扬当代中国劳模精神。

6. 甘于奉献是新时代中国劳模精神的底色

奉献是马克思、恩格斯大力提倡的共产主义道德原则和规范。马克思主义认为,共产主义道德的核心要求是为人民服务,为实现共产主义理想而奉献自己的一切,甚至生命。因此,奉献是应该被人类所倡导的,是随着人类社会的发展而与时俱进的一种精神品德。我国劳模精神强调了劳模尊重劳动、奉献担当的浓厚意识,肯定了劳模顾全大局、默默奉献的可贵品质。时空变幻,劳模精神的内涵在变,但劳模甘于奉献的追求没变。甘于奉献已经成为中国劳模精神最鲜明的标识，镌刻着劳模为党和人民贡献一切的光荣而不朽的印记，甘于奉献理当是当代中国劳模精神内涵中最亮丽的底色。

（二）在工程训练中消解当代大学生对劳模精神的误解

从劳模诞生以来，劳模精神一直是鼓舞中国劳动人民砥砺前行的重要精神力量。但是当前，投机主义、功利主义、利己主义、享受主义、拜金主义、个人主义等腐朽观念滋生蔓延，许多人追逐不劳而获，梦想一夜暴富，特别是互联网、大数据给人们的生产生活方式带来的变化，让一些人产生了劳模精神失灵、无用的错觉。时代的发展、科技的进步还带来社会分工的变化与细化，产生了许多新行业、新工种，尤其是脑力劳动者数量的增多和社会价值的提高，使一些人对劳动概念逐渐模糊，认为劳模精神有泛化和被边缘的倾向。

想要破解当代大学生对劳模精神的误解，作为大学生劳动教育的重要环节，也是最便于弘扬劳模精神的生产性劳动教育，工程训练在此方面有着义不容辞的责任。

1. 通过工程训练消解劳模精神"无用论"与"失灵论"

劳模精神"无用论"观点认为，在我国最困苦的时期，在科技和生产力水平相对落后、工作环境艰苦和劳动待遇低下的特殊年代，体力劳动的需要大于脑力劳动，号召人们学习劳模不怕苦累、不怕牺牲、百折不挠、艰苦奋斗、无私奉献的劳模精神，是发挥了其激励人、鼓舞人的作用的。但在信息时代，在大数据与智能革命的背景下，工作、生活环境都发生了翻天覆地的变化，社会普遍重视脑力劳动、智力型劳动，轻视简单劳动和体力劳动。所以，一些人就认为劳模精神可有可无了，就不需要劳模精神了，也可以说劳模精神没有用了。还有一些人认为，随着私有企业的发展，一个人的工作好坏、贡献大小，仅对他的老板或本单位或自己有意义，与局外人关系不大，所以讨论劳模作用和劳模精神也没有用了。"失灵论"观点认为，劳模精神只适用于社会主义全民所有制和集体所有制形式。现行分配制度下，虽然是以按劳分配为主，但从事脑力劳动的人获得的收益更多，按经营成果、资本、技术、土地等其他生产要素分配的分配方式获得物质收入更快、更可观。"失灵论"观点还认为，人们受西方价值观和不良思想的影响，很多人"向钱看、向厚赚"，与明星的影响力相比，劳模不再是社会偶像，不受社会关注，劳模精神教育人、引导人的功能失效了，所以在当代中国劳模精神失灵了。"无用论"者与"失灵论"者，一方面，大肆宣传劳动手段、劳动方式的变迁，鼓吹智能创造、科技创新，将劳动的两种形式——脑力劳动和体力劳动对立起来，还将按劳分配和多种分配方式的分配制度割裂，并无限放大两者的区别，认为只有脑力劳动才是光荣的，体力劳动是卑微的，甚至觉得不劳而获是能力强、思想"活"的体现。另一方面，他们认识不到凝结在劳动中的永恒不变的劳模精神价值，不懂得每一个时代都有属于每一个时代的劳模精神，看不到劳模精神体现的艰苦奋斗、服务人民、无私奉献等美好道德品质，并涵养着社会主义核心价值观。无论时代如何发展，劳模精神的内涵和元素如何变化，始终不变的是劳模精神的核心价值和本质属性。不管何时何地，无论是从事生产还是大搞创业，无论是比现实表现还是比社会贡献，无论是看精神作用还是看经济效益，劳模精神都起着无可替代的作用，劳模精神的效力都将永恒，劳模精神不会无用，也不会失灵。

2. 通过工程训练消解劳模精神"过时论"与"特例论"

拘泥于对劳模精神的固定看法，"过时论"观点认为劳模及劳模精神是改革开放以前计划经济时期的产物，在社会主义市场经济体制下尤其是随着改革开放的深入发展，劳模已经"水土不服"，现在仍然评选劳模也只是一种没有意义的惯性延续，劳模精神早已过时了。"过时论"者孤立地、片面地看待劳模及劳模精神产生的历史性与合理性，没有看到其时代性和发展性，肯定新中国成立后改革开放前劳模及劳模精神的作用和价值，否定中国特色社会主义建设时期劳模及劳模精神的时效性和有效性，将改革开放前后社会主义计划经济体制与市场经济体制两个不同时期的劳模精神看作是相互独立的两个阶段，并将其根本对立起来。改革开放波澜壮阔的40多年历史轨迹充分证明：只有通过不屈不挠、不胜不休的劳动和奋斗，才能改写个人命运、创造幸福，才能实现社会安定团结、人民安居乐业。与时俱进的劳模精神从没有过时，也不会过时，也将永不过时。劳模精神"特例论"观点是在劳模及劳模精神产生的"政治论"观点基础上形成的，认为劳模精神只产生并存在于社会主义国家，是中国所独有的政治产物，对劳模精神人格化的劳模评选与表彰只是中国"特色"。"特例论"者一是认为劳模精神仅存在于几个特殊的时期，如革命战争时期、建国初期、改革开放初期，而以市场为导向的社会主义市场经济时期，劳模精神则不具有应用性和影响力；二是认为当下劳模精神仅在农业、工业等特定领域、行业内还能发挥一些作用，而在第三产业服务业中，劳模精神则无法较好地应用；三是认为当代中国劳模精神仅存于特定的地域范围，如东北地区和革命老区以及其他边远地区，而在经济活跃发达的地区，劳模精神则难发挥其指导力。这种论调，看似是肯定劳模及劳模精神的历史特殊作用，认同劳模精神在应用形式上具有特殊性，实际上是片面、孤立地看待了劳模精神与时俱进的时代价值，否定了劳模精神具有的现实价值以及价值所具有的普遍性特点。实践证明，劳模精神在中国特色社会主义现代化建设事业中，在以"互联网+"为引领的现代服务业中，劳模的价值升值了，劳模精神更熠熠生辉，发挥着巨大的激励引领作用。

3. 通过工程训练消解劳模精神"政治论"与"英雄论"

劳模精神"政治论"观点认为，劳模最初是社会主义根据国家政治需要而塑造的代表群体，在此基础之上劳模精神应运而生。"政治论"者认为，中国劳模精神实际上也是政治产物，是一种泛政治化的道德观，就是中国共产党和政府主导的，将国家层面的意识形态通过劳动道德输出来统治人民群众的工具。至此，劳模精神被西方卫道士刻意渲染成是社会主义国家意识形态的"亲密伙伴"，无限扩大劳模精神的政治符号功能，忽视了劳模精神在生产领域中的重要贡献。"英雄论"观点认为，劳模是英雄人物、杰出典型，时势造英雄，劳模只有在特殊历史时期才能产生，在特殊时期才能被学习和效仿，有的甚至认为劳模是非常人所能及的特殊群体，是无法学习、无法效仿、无法比拟的英雄群体，将劳动模范英雄化，将劳模精神理想化。事实上，劳模精神"政治论"观点没有看到劳模精神的民族性、群众性、客观性、先进性、能动性，以偏概全，极端放大了劳模精神的政治性特征。劳模精神"政治论"与"英雄论"，本质上是"英雄史观"论，是与"群众史观"存在根本分歧的论调，都犯了历史唯心主义错误，将劳模精神承载的人民性特质彻底曲解，没有如实阐述劳动模范群体的构成与来源，只揭示了劳模精神的产生是单一的劳模产生的过程，即是由国家自上而下推行的结果，而无视劳模是发源于群众、代表群众的，还没有认识到劳模不是靠评出来的，是靠劳模自己的劳动获得了人民群众的认可而推出来的。忽视了劳模精神具有人民意志集中体现的群众性特征，因而也就忽视了劳模精神具有对现实社会历史发展趋势集中反映的先进性和客观性特征，具有对中华民族精神继承与发展的民族性特征，具有对道德标准评判与价值引领带动的能动性特征。

4. 通过工程训练消解劳模精神"固化论"与"泛化论"

劳模精神"固化论"观点认为，劳模精神的时代内涵、表现特征、适用范围、现实价值依然是新中国成立后改革开放前的旧模样。"固化论"者固步自封，认为劳模精神是独立于社会发展之外而绝对静止的，他们主观固执地将劳模精神的内涵定格在新中国成立初期的劳模形象和事迹上，认为只有工作在国家体制内的、最基层的、最普通的劳动者才能当选劳模，劳模精神体现的是老黄牛式的埋头苦干、实干，靠付出体力劳动、加班加点，只讲奉献不求回报的精神品格。"泛化论"观点认为，被评为劳模的体育明星、影视大腕、外企经理、富商能人、政治明星、企业家们虽然取得突出的业绩令人羡慕、值得尊重，但他们的事迹不仅不能在普通劳动者心目中产生榜样力量，还很有可能会适得其反，因为在他们身上不具备"国家""民族""社会主义"的精神。他们作为劳模，不具备被占人口绝大多数的普通劳动者们学习的条件，他们身上也体现不出劳模精神的社会价值。所以他们认为相对于狭义概念，近些年劳动和劳动者被泛化了，同样劳模和劳模精神也被泛化了，他们认为泛化的劳动、劳动者、劳模、劳模精神不利于实现劳模精神的文化价值，从长远角度不利于我们的国家和民族的发展。"固化论"者和"泛化论"者虽然视角不一样，但是关注点颇为相似。一方面，对私营业主和明星大腕为代表的群体当选劳模嗤之以鼻，认为他们与社会主义制度培养人的规范和目的不相符；另一方面，对机关事业领导和企业管理人员当选劳模也是怨气冲天，觉得这类群体使劳模评选变了味儿。这两种观点没有看到劳模精神内涵不断变化发展的时代特征，只见树木不见森林，不谈整体，盯住一小部分不放，没有看到劳模评选范围的全面性和代表性，是形而上学的错误观点。其实，私营业主也是社会主义现代化建设的重要力量，也是体现劳模精神的劳动者，他们成为劳模也无可厚非。

● **拓展阅读**

拓展阅读 I：习近平总书记 2020 年 11 月 24 日在全国劳动模范和先进工作者表彰大会上的讲话。

在全国劳动模范和先进工作者表彰大会上的讲话

习近平
2020 年 11 月 24 日

同志们：

今天，我们隆重召开大会，表彰全国劳动模范和先进工作者，激励全党全国各族人民弘扬劳模精神，在决胜全面建成小康社会、决战脱贫攻坚取得决定性成就的基础上，乘风破浪，开拓进取，为全面建设社会主义现代化国家、实现第二个百年奋斗目标而继续奋斗。

首先，我代表党中央、国务院，向受到表彰的全国劳动模范和先进工作者，表示热烈的祝贺！向为改革开放和社会主义现代化建设作出突出贡献的我国工人阶级和广大劳动群众，致以诚挚的问候！

劳动模范是民族的精英、人民的楷模，是共和国的功臣。我国是人民当家作主的社会主义国家，党和国家始终坚持全心全意依靠工人阶级方针，始终高度重视工人阶级和广大劳动群众在党和国家事业发展中的重要地位，始终高度重视发挥劳动模范和先进工作者的重要作用。

1950 年党和国家首次表彰劳动模范 70 年来，在党的领导下，我国工人阶级和广大劳动群众与祖国同成长、与时代齐奋进，奏响了"咱们工人有力量"的主旋律，各条战线英雄辈出、群星灿烂。特别是进入新时代以来，我国工人阶级和广大劳动群众在实现中国梦伟大进程中拼搏奋斗、争创一流、勇攀高峰，为决胜全面建成小康社会、决战脱贫攻坚发挥了主力军作用，用智慧和汗水营造了劳动光荣、知识崇高、人才宝贵、创造伟大的社会风尚，谱写了"中国梦·劳动美"的新篇章。

今年以来，面对突如其来的新冠肺炎疫情，我国工人阶级和广大劳动群众响应党中央号召，风雨同舟、众志成城，积极投身疫情防控的人民战争、总体战、阻击战，为全国抗疫斗争取得重大战略成果、统筹疫情防控和经济社会发展工作取得积极成效作出了突出贡献，充分展现了中国人民和中华民族的伟大力量。在这场抗击疫情的雄壮斗争中，产生出一大批劳动模范和先进工作者，他们同全国各族人民一道，铸就了生命至上、举国同心、舍生忘死、尊重科学、命运与共的伟大抗疫精神，不愧为新时代最美奋斗者！

同志们！

当今世界正经历百年未有之大变局，我国正处于实现中华民族伟大复兴的关键时期。经过长期奋斗，我国经济实力、科技实力、综合国力跃上新的大台阶，人民生活水平显著提高，决胜全面建成小康社会、决战脱贫攻坚胜利在望，中华民族伟大复兴向前迈出了新的一大步。

从2021年开始，我国将进入"十四五"时期，这是乘势而上开启全面建设社会主义现代化国家新征程、向第二个百年奋斗目标进军的第一个五年。立足新发展阶段，贯彻新发展理念，构建新发展格局，推动高质量发展，在危机中育先机、于变局中开新局，必须紧紧依靠工人阶级和广大劳动群众，开启新征程，扬帆再出发。

第一，大力弘扬劳模精神、劳动精神、工匠精神。"不惰者，众善之师也。"在长期实践中，我们培育形成了爱岗敬业、争创一流、艰苦奋斗、勇于创新、淡泊名利、甘于奉献的劳模精神，崇尚劳动、热爱劳动、辛勤劳动、诚实劳动的劳动精神，执着专注、精益求精、一丝不苟、追求卓越的工匠精神。劳模精神、劳动精神、工匠精神是以爱国主义为核心的民族精神和以改革创新为核心的时代精神的生动体现，是鼓舞全党全国各族人民风雨无阻、勇敢前进的强大精神动力。

社会主义是干出来的，新时代是奋斗出来的。这次受到表彰的全国劳动模范和先进工作者，是千千万万奋斗在各行各业劳动群众中的杰出代表。他们在平凡的岗位上创造了不平凡的业绩，以实际行动诠释了中国人民具有的伟大创造精神、伟大奋斗精神、伟大团结精神、伟大梦想精神。希望大家珍惜荣誉、保持本色，谦虚谨慎、戒骄戒躁，继续发挥示范带头作用。

劳动是一切幸福的源泉。新形势下，我国工人阶级和广大劳动群众要继续学先进赶先进，自觉践行社会主义核心价值观，用劳动模范和先进工作者的崇高精神和高尚品格鞭策自己，焕发劳动热情，厚植工匠文化，恪守职业道德，将辛勤劳动、诚实劳动、创造性劳动作为自觉行为。各级党委和政府要尊重劳模、关爱劳模，贯彻好尊重劳动、尊重知识、尊重人才、尊重创造方针，完善劳模政策，提升劳模地位，落实劳模待遇，推动更多劳动模范和先进工作者竞相涌现。全社会要崇尚劳动、见贤思齐，加大对劳动模范和先进工作者的宣传力度，讲好劳模故事、讲好劳动故事、讲好工匠故事，弘扬劳动最光荣、劳动最崇高、劳动最伟大、劳动最美丽的社会风尚。要开展以劳动创造幸福为主题的宣传教育，把劳动教育纳入人才培养全过程，贯通大中小学各学段和家庭、学校、社会各方面，教育引导青少年树立以辛勤劳动为荣、以好逸恶劳为耻的劳动观，培养一代又一代热爱劳动、勤于劳动、善于劳动的高素质劳动者。

第二，充分发挥工人阶级和广大劳动群众主力军作用。人民是历史的创造者。工人阶级是我国的领导阶级，是先进生产力和生产关系的代表，是坚持和发展中国特色社会主义的主力军。全面建设社会主义现代化国家，符合全国各族人民根本利益和共同愿望，我国工人阶级和广大劳动群众要坚定不移听党话、矢志不渝跟党走，当好主人翁，建功新时代。

我国工人阶级和广大劳动群众是国家的主人，要加强政治理论学习，加强党史、新中国史、改革开放史、社会主义发展史学习，自觉做中国特色社会主义的坚定信仰者、忠实实践者。要发扬优良传统，承担历史使命，把党和国家确定的奋斗目标作为自己的人生目标，以民族复兴为己任，自觉把人生理想、家庭幸福融入国家富强、民族复兴的伟业之中，做新时代的追梦人。要立足党和国家各项事业发展全局，立足党中央对改革发展稳定各项工作的决策部署，围绕国家重大战略、重大工程、重大项目、重点产业，广泛深入持久开展劳动和技能竞赛，积极参加群众性创新活动，汇聚起众志成城的磅礴力量。要增强历史使命感和责任感，深刻认识国家好、民族好大家才会好，正确处理个人和集体、当前和长远、局部和整体的利益关系，自觉维护大局、服务大局，最大限度增加和谐因素、最大限度减少不和谐因素。要深刻认识团结就是力量、团结才能前进的道理，发扬团结协作、互助友爱的精神，加强工人阶级的团结，加强工人阶级同其他劳动群众的团结，坚定战胜各种困难的信心和决心，始终做党执政的坚实依靠力量。

第三，努力建设高素质劳动大军。劳动者素质对一个国家、一个民族发展至关重要。当今世界，综合国力的竞争归根到底是人才的竞争、劳动者素质的竞争。我国工人阶级和广大劳动群众要树立终身学习的理念，养成善于学习、勤于思考的习惯，实现学以养德、学以增智、学以致用。要适应新一轮科技革命和产业变革的需要，密切关注行业、产业前沿知识和技术进展，勤学苦练、深入钻研，不断提高技术技能水平。要完善现代职业教育制度，创新各层次各类型职业教育模式，为劳动者成长创造良好条件。技术工人是支撑中国制造、中国创造的重要基础。要完善和落实技术工人培养、使用、评价、考核机制，提高技能人才待遇水平，畅通技能人才职业发展通道，完善技能人才激励政策，激励更多劳动者特别是青年人走技能成才、技能报国之路，培养更多高技能人才和大国工匠。要增强创新意识、培养创新思维，展示锐意创新的勇气、敢为人先的锐气、蓬勃向上的朝气。要推进产业工人队伍建设改革，落实产业工人思想引领、建功立业、素质提升、地位提高、队伍壮大等改革措施，造就一支有理想守信念、懂技术会创新、敢担当讲奉献的宏大产业工人队伍。

第四，切实实现好、维护好、发展好劳动者合法权益。让人民群众过上更加幸福的好日子是我们党始终不渝的奋斗目标，实现共同富裕是中国共产党领导和我国社会主义制度的本质要求。要坚持以人民为中心的发展思想，维护好工人阶级和广大劳动群众合法权益，解决好就业、教育、社保、医疗、住房、养老、食品安全、生产安全、生态环境、社会治安等问题，不断提升工人阶级和广大劳动群众的获得感、幸福感、安全感。要把稳就业工作摆在更加突出的位置，不断提高劳动者收入水平，构建多层次社会保障体系，改善劳动安全卫生条件，使广大劳动者共建共享改革发展成果，以更有效的举措不断推进共同富裕。要适应新技术新业态新模式的迅猛发展，采取多种手段，维护好快递员、网约工、货车司机等就业群体的合法权益。要建立健全困难群众帮扶工作机制，把党和政府的关怀送到困难群众心坎上，让他们感受到社会主义大家庭的温暖。要坚持从群众多样化需求出发开展工作，打通服务群众的新途径，使服务更直接、更深入、更贴近工人阶级和广大劳动群众，以服务群众实效打动人心、温暖人心、影响人心、赢得人心。要健全党政主导的维权服务机制，完善政府、工会、企业共同参与的协商协调机制，健全劳动法律法规体系，为维护工人阶级和广大劳动群众合法权益提供法律和制度保障。要健全以职工代表大会为基本形式的企事业单位民主管理制度，推进厂务公开，充分发挥广大职工群众的积极性、主动性、创造性。

同志们！

今年适逢中华全国总工会成立95周年。我国工运事业是在党的领导下发展起来的，我国工会是中国共产党领导的工人阶级群众组织，是党联系职工群众的桥梁和纽带，是社会主义国家政权的重要社会支柱。党的十八大以来，全国总工会及各级工会认真贯彻党中央关于工人阶级和工会工作的重要论述，坚持走中国特色社会主义工会发展道路，组织动员广大职工建功立业，做好维权服务工作，推进工会系统自身改革，深化产业工人队伍建设改革，全面加强工会系统党的建设，取得了新的显著成效。

在此，我向为党的工运事业和工会工作作出突出贡献的老一辈工会工作者，向全国各级工会组织和广大工会干部，向广大职工和工会积极分子，表示诚挚的慰问！

工会要总结95年来的成绩和经验，坚持和完善自觉接受党的领导制度、发挥工人阶级主力军作用制度、强化职工思想政治引领制度、劳动关系协调机制等，健全联系广泛、服务职工的工会工作体系，努力提高工会工作能力和水平，坚决维护中国共产党领导和我国社会主义制度，坚决维护职工队伍和工会组织的团结统一，坚决维护社会大局稳定。

各级党委要从巩固党执政的阶级基础和群众基础的高度，认真贯彻全心全意依靠工人阶级的方针，加强和改进对工会工作的领导，为工会履行职责、发挥作用不断创造有利条件。

同志们！

光荣属于劳动者，幸福属于劳动者。我国工人阶级和广大劳动群众要更加紧密地团结在党中央周围，勤于创造、勇于奋斗，努力在全面建设社会主义现代化国家新征程上创造新的时代辉煌、铸就新的历史伟业！

拓展阅读 II：全国劳动模范孔祥瑞事迹。

天津港煤码头公司一队原队长孔祥瑞
——从码头工人到"蓝领专家"（讲述·一辈子一件事）

人物小传

孔祥瑞，1955年1月生，天津市人，天津港中煤华能煤码头有限公司一队（孔祥瑞操作队）原队长，天津港（集团）有限公司科学技术协会原副主席。在工作中，他坚持边干边学，学以致用，练就了"听音断病"的绝活，成为"排障能手"。他先后组织实施180余项技术创新，获得16项国家专利，为企业创造经济效益超亿元，荣获全国优秀共产党员、全国劳动模范等荣誉称号。

"最近我打算好好研究下智慧港口的技术条件下，流体物品装卸过程中的安全规范问题。"孔祥瑞一边说着一边拿出手机，给记者展示最新搜集的案例和图片。退休5年多，孔祥瑞依旧惦记着港口装卸设备技术方面的事。

作为"蓝领专家"、知识型产业工人的代表，孔祥瑞一直用自己的专注、专业践行着"工匠精神"。

把码头当课堂，改造设备性能，大幅提升全年装卸任务量

1972年初中毕业后，17岁的孔祥瑞被分配到天津港工作。不久后，孔祥瑞成为天津港第一代大型门吊司机，他如饥似渴地钻研技术操作。"拿着设备说明书一项一项地啃，不明白的就查资料、找人问。"上世纪80年代，天津港发展驶入了快车道，各种新型设备层出不穷。"那段时间，我自学了力学、机械原理、液压、电工学、材料等学科的知识，为我后面的工作打下了坚实基础。"

"可以没有文凭，不可以没有知识"——这是孔祥瑞特别喜欢的一句话。他把码头当课堂，靠着勤奋学习摸透了不同机械设备的性能。

2001年，作为当时天津港最大的装卸公司，六公司承担的作业量达2500万吨以上，意味着18台门机任务总量要增长30%。担任六公司固机队党支部书记、队长的孔祥瑞也犯了难："18台门机每年最多能完成2300万吨，怎么办呢？"

"我就在设备旁边转悠，我发现，门机抓斗放料时，起升动作间有短暂的停滞，用秒表一掐，有16秒左右。如果把这个作业空当利用起来，不就能提高效率吗？"孔祥瑞说，他和队里的技术骨干一起攻关，对指挥门机抓斗的主令控制器进行改造，将手柄移动轨迹由十字形调整成五角星形，使抓斗起升、打开控制点合二为一，大幅缩短了起升之间的停滞时间。

"一周之内，我们改造了所有门机，每台平均每天多干480吨，把公司全年装卸任务量提高到2717万吨，相当于完成了全港27%的吞吐量。"孔祥瑞说，后来，这个操作法被天津市总工会命名为"孔祥瑞门机主令器星型操作法"。

钻研技术创新，获得16项国家专利，为企业创造经济效益超亿元

入行多年，孔祥瑞坚持每天随身携带一个小本子，设备出现哪些故障、什么原因、修理过程、注意事项等内容都一一记录在案。日积月累，他对各种操作技术参数烂熟于心，成为一名优秀的"排障能手"，练就了一项"听音断病"的绝活。

1993年的一天，天津港一台码头门机的旋转大轴承发出异响。"有可能是事故的前兆，也有可能是缺少润滑。"孔祥瑞说，如果不拆卸轴承进行彻底检修，门机以后出了问题，可能会导致再也无法正常工作；但如果拆卸后发现只是缺少润滑，企业将蒙受上百万元的经济损失。

拆不拆？"轴承坏了，必须拆！"仔细听了门机运转时的响声，孔祥瑞果断地决定。

公司调来了900吨的海上浮吊，拆下了轴承，但轴承正面完好无损。"我相信自己的判断，让吊车赶紧把轴承转过来。"把轴承翻转过来一看，滚珠已经散落出槽，"如果继续使用，后果不堪设想……"

2004年下半年，为了保障"迎峰度夏"电煤抢运，当时调至煤码头公司的孔祥瑞几乎整个夏天没有休息，每天早来晚走，有时甚至吃住在单位。在团队的共同努力下，公司全力提高设备运行效率和推进整体工作进度，圆满完成了保供任务。2009年，针对航运业新情况新任务，孔祥瑞经过调研，建议公司开展"煤炭破碎筛分"业务，并参与了设备选型、招投标、安装调试全过程。公司当年实现收入6500万元，利润4000万元。

多年钻研技术创新，孔祥瑞成长为生产一线的"蓝领专家"。他先后组织实施180余项技术创新项目，获得16项国家专利，为企业创造经济效益超亿元，推动了我国港口系统设备接卸煤炭技术等领域的技术进步。

传承工匠精神，带动更多青年技术工人快速成长

在天津港集团煤码头公司，科技设备部电气综合管理员段凯的抽屉里有一把早已被磕碰得伤痕累累的扳手，"这不仅仅代表着一份传承，更见证了我们港口产业工人从传统码头作业到智慧绿色作业的转型。"段凯说，"当年的煤码头是一个传统的散货码头，孔队跟我说，传统作业模式将来一定会被智能化作业替代，年轻人大有可为！这把扳手就是孔队递到我手中的，同时递给我的还有一份责任。"

孔祥瑞先后获评全国劳动模范、全国优秀共产党员、100位新中国成立以来感动中国人物等荣誉，但他谦虚地说："我只是一名工人，我取得的成绩属于整个团队。参加工作以来，我真切地感受到，知识改变命运，劳动创造光荣！"

在孔祥瑞的言传身教和影响下，一批批青年技术工人快速成长。

近年来，天津港成立了"孔祥瑞劳模创新工作室"，先后开展百余项技术创新项目；天津港"孔祥瑞杯"职业技能大赛也已经连续举办十八届。

2017年退休后，孔祥瑞受聘为职业技能竞赛评委。每年，他不仅对参赛选手进行点评，还对这些未来的"大国工匠"们进行培训。截至目前，孔祥瑞已连续参加了七届赛事活动，培训了上百名选手。

"孔队指出问题毫不客气，传授经验也毫无保留。"一位参赛选手这样评价，"从坐上驾驶位、系好安全带开始，孔队就仔细研究我们每一位参赛选手的技术细节和工作习惯，并给出具体指导。"

孔祥瑞每年都会提前三个月开始职业技能竞赛的相关准备工作，赛后还要针对每位选手的技术特点、存在问题进行复盘。"各地高手一起交流，才知道自己的短板到底在哪儿。来参赛的都是各个港口的好苗子，除了竞赛，更要通过他们的规范操作，影响更多从业者，把好港口装卸业务的安全关、技术关、质量关。"孔祥瑞说。

如今，孔祥瑞依旧牵挂着港口事业，也感受到了天津港这几年的新变化，"特别是这两年，全球首个零碳智慧码头、全物联网码头等在天津港诞生。这对产业工人提出了更高更新的要求，要持续学习、苦练内功，让自己的职业技能始终和技术发展保持同步。"

"孔队当年和我说的，如今都变成了现实。"段凯说，"所有装卸煤炭系统化设备都采用全自动无人化设置。源头抑尘、污水回收、景观绿化、防风网建设……"对于天津港的变化，段凯如数家珍。

"我要不遗余力地把自己的经验传授给更多年轻人，将工匠精神传承下去。"孔祥瑞说，"有耕耘必有收获，每个人都应在平凡的岗位上兢兢业业，努力创造出不平凡的业绩！"

（素材来源：《人民日报》2023年3月23日第06版）

第四章
在工程训练中树牢安全发展理念

工程训练实际就是通过在校园中模拟生产劳动过程，让学生直接经历物质财富的创造过程，体验从简单劳动、原始劳动向复杂劳动、创造性劳动的发展过程，学会使用工具，掌握相关技术，感受劳动创造的价值，增强产品质量意识，体会平凡劳动中的伟大，其实质就是生产劳动教育。以吉林大学工程训练中心为例，工程训练包括安全训练、材料成型训练、机械制造训练、先进制造训练。

安全训练是工程训练的重要内容，劳动安全意识需要在安全训练中不断提升。劳动安全是劳动者享有的在职业劳动中人身安全获得保障、免受职业伤害的权利。劳动安全是以确保生命安全为核心的首要安全，是国家安全法律强制性约束企业和生产经营单位必须首先抓好的公共安全。保障劳动者在生产经营活动过程中的生命安全和健康，是当代人类社会文明进步、发展的重要标志。现实生产生活启示我们安全是生命线、安全是幸福线，一人安全，全家幸福。因此，在安全的问题上，必须防范在先、警惕在前，必须警于思、合于规、慎于行。

一、工程训练中为什么要开展安全训练

安全生产关系到千家万户，牵动着方方面面。安全训练是工程训练的第一个环节，目的在于在生产劳动教育中，培养学生安全生产的观念和意识。

（一）开展安全训练就是要预防安全生产隐患中的人的因素

造成安全生产隐患的原因是多样的，既有作为生产劳动主体的人的因素，也有开展生产劳动的环境因素，也有管理制度、方法不健全的因素。第一，人的因素。主要体现为安全意识不强，有马虎草率行为；不使用或不当使用劳动防护用品；着装不符合安全规定；有不遵守安全操作规程的工作行为和交通违法行为；从事自己不熟悉的工作或使用非本专业的机械、设备及机具；工作时精力分散，闲谈打闹嬉戏，图方便走捷径；对从事作业的安全隐患心里无底，对安全措施没有掌握，没有参加安全技术交底；身体状况不佳，心理异常。第二，环境因素。主要体现为不整洁的工作环境，如噪音、烟雾、粉尘、震动、高温等；材料和工具堆放混乱无序；作业环境高噪音、浓烟雾、浓粉尘，视线不良，通风不好；多工种交叉作业，指挥无序，相互干扰；危险指示标志不清晰、不全或错误。第三，管理因素。主要体现为安全管理制度不健全，措施落实不到位，安全设施不全；各级管理人员失职、渎职、违章指挥；上岗前没有进行安全教育，施工前没有进行安全技术交底；安全生产检查没有进行或存在形式主义；对员工反映的安全隐患没有及时处理；对员工提出的安全生产建议没有反馈或置之不理。

在三种原因中，人的因素是首要因素。在生产安全突发事故原因调查中，存在着大量人为因素导致的生产安全事故。由此，也凸显出了开展安全训练的紧迫性。唯有提高劳动者的安全生产意识，形成安

全生产共识，才能消除生产风险，避免重特大生产安全事故发生，进一步降低事故的发生率及致死率。

在工程训练中把安全训练纳入其中，就是从"治未病"的角度解决安全生产隐患中的人的因素问题。

（二）开展安全训练是牢固树立安全发展观念的现实需要

党的十八届五中全会和《国民经济和社会发展第十三个五年规划纲要》中多次强调，要牢固树立安全发展观念，加强全民安全意识教育，实施全民安全素质提升工程。安全训练是保障安全生产的基础性工作，加强从业人员安全培训，能够有效提升安全生产素质。加强操作人员对自身的保护能力，是保障安全生产的前提。为了促进安全生产培训工作的健康发展，进一步规范安全生产培训秩序，国家安全生产监督管理总局于2012年公布了新修订的《安全生产培训管理办法》。为规范安全生产宣传教育工作的标准，落实安全生产宣传教育的责任，以政策保障安全生产宣传教育工作顺利开展，国务院安委办于2017年向全国各个省级安全生产委员会及国务院安委会有关成员单位下发了《安全生产宣传教育"七进"活动基本规范》，为在企业、校园、社区、农村等场所开展安全生产宣传教育工作制定了相关标准，并明确了宣讲内容。其明确强调要通过加强校园安全生产宣传教育，面向广大学生普及安全知识技能，强化安全意识素质，做到从早抓起、从小抓起。一要有内容。将安全教育内容纳入各学校教育教学计划，幼儿园及中小学要保证安全教育时间，每次家长会固定安排有针对性的安全宣传教育内容；鼓励中学、中等职业学校和高等学校开设安全选修课或安全知识讲座。二要有氛围。在校园宣传栏、校报校刊、黑板报、网站和"两微一端"等设立安全专栏，定期更新；利用校园广播、电子显示屏等平台循环播放安全知识和安全提示；在走廊、教室、食堂、学生公寓、实习实训场地等场所的醒目位置张贴安全提示标语。三要有资料。向学生发放校园安全知识资料，在图书馆、活动室和校园网设立安全角，提供安全知识读物借阅和电子资料下载服务。四要有人员。鼓励和支持学校相关部门人员、党员干部、有专业所长的人员积极投身安全宣传教育工作，建设一定数量的专兼职结合的安全宣传教育队伍。五要有训练。注重学生参与互动，每学期至少组织一次地震、火灾和防踩踏疏散等安全应急演练；积极创建"平安校园"，以学生为主体，开展寓教于乐的安全宣传教育活动。六要有考核。结合学校实际情况，定期组织针对教师职工的安全知识及应急处置能力考核和针对学生的安全知识测试。

二、如何开展工程训练中的安全训练

生产安全对国家、社会、家庭、个人各个层面，均具有深远的意义。在生产实践中，有很多由于安全意识淡薄、缺乏劳动安全常识、未正确使用劳动安全防护用品造成的悲剧。因此，必须要通过开展安全训练培养学生的劳动安全意识，让学生懂得在劳动中保护自己。具体而言，工程训练中安全训练的开展必须做好以下方面。

（一）熟悉安全生产原则

一般来讲，确保劳动安全既有一般岗位的通用原则，也有特殊行业、特殊岗位的专业原则。通用原则主要包括以下三个方面。一是生命至上的原则。在劳动过程中，必须首先保证生命安全，没有了生命，其他的物质财富都是零。二是防患于未然的原则。所有事故的发生都有明显的原因，如人的不安全行为、物的不安全状态和管理上的缺陷等，这些在生产系统中被称为安全隐患。排查并消除安全隐患，能够有效减少事故发生的概率。三是安全习惯的养成。良好的劳动安全习惯是避免事故发生的重要条件之一。安全习惯主要包括以下几个方面：

上岗之前，要熟悉自己的岗位职责和工作内容，主动参加培训，对不太熟悉的工作内容和工作要求，要多向有经验的员工请教，尤其要明确工作流程，不能贸然操作。有些操作岗位对工作服有明确的要求，比如必须戴安全帽、工作帽，必须穿标准工作服和规定的工作鞋等。企业中的统一着装不仅是为了整齐好看，更是为了安全。使用设备前要对设备进行检查，确认运行正常后再进行操作。发现设备异常必须立即停止使用，等待检测、检修，确保其处于正常状态后方可使用。操作结束时要做好收尾工作，如关闭机器、将操作工具放回原位等。

通过安全训练，要确保大学生工程训练过程中牢牢遵守以下要求：凡进入工程训练教室进行任何实训操作前，都须仔细阅读相关安全准则并进行确认。在工程训练过程中，应始终牢记安全管理规定，听从教师安排，严格按照规程操作仪器设备。严禁在工程训练教室内吸烟、饮食、私拉乱接电线、随意拆卸或改装仪器设备，不得在工程训练教室内使用明火。仪器设备及其他物品不得带出教室，造成仪器设备损坏、丢失的，相关责任人员应负责赔偿。仪器设备不得开机过夜，如确有需要，必须采取必要的防范措施。工程训练结束后，应及时清理和打扫，保持教室的干净和整洁。离开教室后必须关闭电源、水源，关好门窗及电器设备等。发现工程训练教室存在安全隐患，应及时报备、及时处理，维护好实训室的安全。

以吉林大学工程训练中心为例，为确保安全教育保质保量开展，中心修订并颁布了12项实验室安全管理规章制度：《工程训练中心安全准入规定》《工程训练安全技术操作规程总则》《工程训练中心实验废弃物安全管理规定》《工程训练中心气瓶管理办法等》等，对参加生产劳动教育的大学生和主持实训工作的教师提出明确的安全规范。

吉林大学工程训练中心《工程训练安全技术操作规程总则》明确强调为确保学生人身安全及学校设备安全，使教学活动有序进行，明确安全责任及教学要求，必须遵守以下守则。

第一，指导教师实训前对所有学生进行相关安全培训，对易发生的事故进行分析讲述并使学生掌握相应的预防与解决措施。学生做好记录，并在培训后签字确认，才准予实训。

第二，指导教师需确保所有设备完好才可实施相应的实训方案。应合理安排工位并对学生操作进行安全指导和监督，及时纠正学生的不当操作。学生实训时不准擅离岗位，不准代替他人操作。

第三，学生实训前必须穿好实训服，女生戴好帽子并将长发全部塞进帽子里。实训期间严禁佩戴首饰、戴耳机，关闭电子、通信设备，不准穿短裤、七分裤、拖鞋、凉鞋、高跟鞋、裙子进入实训场所，如有违反，取消学生实训资格。

第四，操作时必须精神集中，不准与他人闲谈、阅读书报刊、玩手机等。

第五，不准在车间奔跑、追逐、打闹、喧哗。进入实训场所一律禁止吸烟。

第六，学生在指导教师指导下操作设备，未经指导教师同意不准动用其他设备与工具，工具若损坏、遗失由学生本人负责。

第七，实训中如发生事故，应立即启动应急预案，并保护现场，报告实训指导教师。

第八，学生在实训期间，缺课2天以上或迟到、旷课、早退累计3次以上，上报中心教务办，取消实训资格。

第九，实训过程中，如因学生不遵守操作规程或自己操作错误而产生的人身或设备事故，学生进行公开检讨，视情况合理赔偿，本次实训成绩作不合格处理，中心教务办将事故情况通报学院及教务处。

第十，学生进入实训室应绝对服从教学指导人员及学校管理人员的安排及管理，否则取消本次实训资格，实训中应严格遵守该实训室的安全操作规程，如有违反，由此引起的一切人身伤害、设备损毁均由学生本人承担全部责任。

针对学生在实训室的操作，吉林大学工程训练中心明确制定各实训模块的安全技术操作规程，围绕操作安全开展教育与规范。以激光加工实训模块为例，第一，严格按照指导人员讲解的顺序进行设备操作。第二，按规定穿戴好劳动防护产品，在激光束附近必须佩戴符合规定的防护眼镜。第三，根据激光设备选择加工材料，加工未知材料需先咨询指导人员。第四，激光设备在开动的时候，操作人员不得擅自离开岗位，如的确需要离开时应停机或切断电源开关。第五，在进行加工的时候，如果发现有异常情况的时候，应立即停机，及时排除故障或上报指导人员。第六，需要将灭火器放在能随手可及的地方，不加工时要关掉激光器或光闸；不要在未加防护的激光束附近放置纸张、布或其他易燃物。第七，使用气瓶时，应避免压坏电线，以免漏电事故发生。气瓶的使用、运输应遵守气瓶监察规程，禁止气瓶在阳光下暴晒或靠近热源。开启瓶阀时，操作者必须站在瓶嘴侧面。第八，实训完毕后，严格按照操作顺序关机，擦净设备，清洁工作场地，做好有关工作记录，取得实训指导人员同意后方可离开场地。

此外，针对工程训练实训教师，通过《教学指导人员岗位职责》明确其安全教育职责。具体来说：第一，学生实训期间，教学指导人员必须穿工作服、戴工作帽，提前五分钟到岗等待学生上课。第二，下课前，在对机床、工件、场地进行整理和检查完毕后，要对学生的实训过程进行评分讲评。第三，在学生进行各种实际操作时，必须在本组现场巡回辅导，不许坐着遥控、扎堆聊天和离开岗位。需要刃磨刀具或遇到必须马上处理的事情，离岗前应委托他人代为管理或暂时让学生停机。第四，在学生实训指导工作中，要做到备课充分、讲解清晰、操作熟练、指导耐心、认真负责。第五，各模块进行现场授课时，非在讲人员应积极进行自身教学准备，不允许到其他班组，以免影响实训教学的正常进行。第六，教学指导人员之间、师生之间要互相尊重。应做到说话文明，态度热情，决不允许吵架、骂人、辅导态度不好等现象发生。第七，在学生实训中，要贯彻"精讲多练""虚实结合""能实不虚"的原则，充分调动学生参加工程训练的积极性和主动性，以锻炼学生的实践动手能力为基础，以培养学生的创新意识和创新能力为目标。第八，爱护公共财物，定期对设备进行维护保养，做好设备及贵重仪器的使用记录，如有异常情况及时汇报，认真填写实验室运行记录本，保持实训环境整洁卫生，保管好教学用具。

（二）准确掌握安全事故预防措施

安全训练的根本在于防患于未然，起到的是"治未病"的效果。在工程训练生产劳动教学中，基于不同项目课程的实际，应有针对性地对学生开展安全训练，打好终身制安全生产教育中最坚实的校园基础。

1. 准确掌握机械事故的预防措施

第一，检测机械设备应遵守操作规定，如断电、放置禁止合闸警告牌、有工作人员监视等。主机停电后，应当确定其惯性运行问题已彻底清除后才可以进行工作。当主机检测结束后，试运转时，应当对现场设备进行详细检验，确定所有设备工作人员已全部离开后，方可取牌合闸运行。大修或试车时，不得将人员留在机械设备内从事点车工作。第二，与人手发生接触的机具，应当有完整的应急制动装备，且各刹车钮位应当使操作员在机械设备的作业活动区域内随时都能触及；机器设备的各传动部分，必须有安全性防护设施；投料口、螺旋输送机等部分，必须有盖板、围栏和警告牌；作业周围环境一定要保持卫生。第三，各设备的布置应当正确，并且必须满足方便操作者紧急停车和防止失误启动其他装置两个要求。第四，对机具开展清除积料、卡料、上皮带蜡等作业，应严格遵守停机断电规定。

2. 准确掌握化学伤害事故的预防措施

第一，掌握自身保护方法。熟悉所接触的危险性化工品的特点，不盲目使用，不违规操作；妥善处理存放在周围的危险性化工品，努力做到标志齐全、密闭存放；避电、躲光、避开火源；在房间内不得储存危险性化工品；严管室内外积存高浓度的不易分解的有机废水及易燃易爆物品；发船、行车时不得运载危险性化工品；看到被人遗弃的化工品，不能捡拾，应立即拨打应急报警电话，讲清楚具体位置、包装标识、大致重量和是否有异味等情况；不在案发地附近停留，禁止在案发地附近吸烟；遇到危险化学品或携带人员出现情况时，要迅速离开事故现场，疏散人员至上风口，避免群众围观，并及时拨打电话报警；其他车辆司机应服从管理人员的指示依次进入事故现场。第二，公共防御措施。毒区内的工作人员应急移动至安全地方，并撤离至上风方向；工作人员一旦来不及紧急疏散或在无个人保护器材的情形下，应当尽快转移至牢固而密封性良好的建筑内，以减少化学物品中毒的危险；在群众较密集地离开时要保持秩序，不能挤踏；在踏入病毒区之前，应当适当佩戴防毒面具以及袖套、裙板、靴套等个人防护器具，必要时还应穿戴全身型防毒服。

3. 准确掌握触电事故的预防措施

第一，对相关设备，绝对不能随意乱动。若设备出现了故障，必须聘请电工检修，严禁私自检修，更严禁带故障操作。第二，对反复触及和运用过的配电柜、配电板、闸刀控制器、按钮控制器、电源线、插销及其电线等，都应当保证完整、安全，且严禁使带电部分暴露出来。第三，当使用闸刀开关、地磁开关等时，都需要先把盖子盖好。第四，电气设备的外部应按相关的技术规定，实行保护性接地或接零。第五，使用手电钻、动力研磨砂轮等手用动力器具时，应当先安设泄漏防护器，用具的金属材料壳体也应有防护系统或接零；如使用单相故障手用动力器具时，其引线、插销、电源线均须满足单相故障三眼的需要；使用三相的手动电动工具时，其引线、插销、电源线等必须满足三相四眼的规定；作业时须戴好绝缘手套，并站在绝缘板上；严禁把刀具等直接轧到线路上，以避免因轧断线路而引起触电。第六，在实施电气作业流程中，应严格遵守安全技术规程，切不可盲目乱动。

4. 准确掌握火灾事故的预防处置措施

出现火灾事故后，要及时运用本单位、本区域的消防仪器、设施实施扑救，有自动扑救系统的应立即启用。第一，断绝所有可燃物。将燃点周围可能形成火势扩散的所有可燃材料全部移除；关闭相应闸门，截断已流入燃点的易燃气体或者易燃液体；开启相应闸门，使已点燃的器皿中的可燃物料，经由管道流至安全地带。第二，进行冷却。本单元内若有消防给水系统、救火车及泵，可使用其装置自动灭火；该岗位如果配备了一定的灭火设备，则应用其灭火器扑救；如没有上述消防器材，则可采用简易方式扑救。第三，进行隔绝空气。利用气泡灭火剂喷射气泡遮盖可燃物外表；使用容器、装置的顶部罩盖燃区；对不能由水扑灭的火灾应该使用砂、土扑救。第四，开展扑灭行动。针对小面积草丛、灌丛及一些固定易燃物的焚烧，或火势较弱时，使用扫把、木枝条、衣物等扑打。第五，果断切断电源。当出现了大火，或者大火直接危及电力线路、电气设备并影响灭火人员生命安全时，首先断开供电。如采用水、泡沫灭火器等扑救时，应当在断开电源之后立即实施。第六，预防爆炸发生。将能引起危险的易燃易爆物料，如钢制压力容器、槽撤离至安全地带；有自动放空泄压装置的，由专业人员开启该阀门放压泄空。

与此同时，通过安全训练，要使大学生务必掌握火场的撤离方法和逃离路径的选取办法。具体来说，应尽量借助楼房内的设备逃离。使用灭火电梯实施火灾疏散逃离，火灾时的一般梯子千万不可使用；

借助房间内的防烟电梯、一般梯子、密闭扶梯等实施逃离；使用观光扶梯避难逃生；使用墙边的落水管道进行逃脱。当一个楼层的某个部位着火，而大火已开始蔓延时，要注意听广播的提示，而不能一看到有火警就心慌意乱；当室内着火，但门已被大火所堵塞，室内人员无法撤离时，应另找其他途径；在某一防火区着火，而未着火楼层的人又无法直接向楼梯方向撤离时，被困人员应先撤离至楼顶，在之后从相邻而未着火的区域直接向地底撤离。火灾逃跑时，不能由于恐惧而忘记了报警；如果出现失火，就应立即报警，延缓报警时间是非常危险的事；不能一见底层失火，就立刻往下走，因为一旦楼上的人都往下走便会为救援工作增添麻烦；不能因为收拾行李和贵重财物而耽误了时间；不能盲目地从窗户上往下跳；在被火焰困住而无法及时脱身时，应用沾湿的衣物、毛巾捂住口鼻，耐心等候抢救，并想方设法报警求救；不能使用电梯逃生。

（三）熟练使用安全防护用品

安全防护用品是为了保护生产者在生产劳动过程中的安全和健康而发给生产者个人使用的防护用品和用具。依据《用人单位劳动防护用品管理规范》和其他法律法规的规定，用人单位应当依法为劳动者提供劳动防护用品，保障劳动者安全与健康，不得以劳动防护用品替代工程防护设施。正确佩戴劳动防护用品可以使从业人员在劳动过程中避免遭受或减轻事故伤害及职业危害，是保障从业人员人身安全与健康的重要措施，也是保障生产经营单位安全生产的基础。劳动防护用品可分为头部护具、呼吸护具、眼部护具、听力护具、脚部护具、手部护具、身体护具、防坠落护具、护肤用品九类。

第一，戴好安全帽。安全帽由帽壳、帽衬、下颏带、附件组成。佩戴安全帽应做到"一看、二戴、三检查"，并注意以下事项：头顶与帽体内顶保持一定距离；下颏带必须扣在颏下并系牢；不应擅自在安全帽上打孔；受过强烈冲击的安全帽均应报废，即使没有明显损坏；严禁使用只有下颏带与帽壳连接的安全帽，也就是帽内无缓冲层的安全帽；注重清洁与保护；平时使用安全帽时应保持整洁，不能接触火源，不要任意涂刷油漆等，不应坐压，如果丢失或损坏，必须立即申请补发或更换。

　　第二，用好眼面部防护用品。对眼面部造成伤害的危险因素主要有机械性、化学性和光学性的。对这三种伤害，可以选择以下眼面部防护用品。一是有机玻璃眼镜、钢化玻璃眼镜等防护眼镜。这类眼镜透明度好、质地坚硬、抗击力强，适合于金属切割加工、金属抛光、石块粉碎等粉尘和固体颗粒物较多的工作场所。二是防化学溶液的防护眼镜。主要用于防御有刺激或腐蚀性的溶液对眼睛的化学损伤。可选用普通平光镜片，镜框应有遮盖，以防溶液溅入。其通常用于实验室、医院等场所，一般医用眼镜可通用。三是焊接防护面罩。为抵抗光学性的伤害，一般必须佩戴焊接防护面罩。焊接防护面罩主要分为手持式焊接面罩、头盔型焊接面罩和焊接头盔（帽）等，这些都能有效防止各种有害光线在劳动施工过程中对眼面部的伤害。

　　第三，用好呼吸防护用品。在一些劳动生产环境中，会出现空气中存在可吸入有毒有害物质的情况。呼吸防护用品主要就是防御有害物质吸入呼吸道，为此环境下进行劳动生产的人员提供安全保护。呼吸防护用品主要有防尘口罩、过滤式防毒面具、自给式空气呼吸器等。其中，防尘口罩是从事接触粉尘的工作的作业人员必不可少的防护用品，主要用于含有低浓度有害气体和蒸气的作业环境以及会产生粉尘的作业环境。过滤式防毒面具是最为常见的一种防毒面具，主要由面罩和过滤元件两部分组成。面罩起到密封并隔绝外部空气和保护口鼻面部的作用，能有效保护佩戴人员的眼面部和呼吸道，使之免受有毒气体、蒸汽或放射性颗粒物的伤害，可供工业、农业、医疗等不同领域人员使用。自给式空气呼吸器是在特殊环境中提供正常所需空气的设备，主要应用于火灾、毒气泄漏、挥发性液体泄漏、密闭空间产生有害气体或氧气含量低的环境。其背带及腰带的全部织材均采用防火阻燃材料，金属连接件均为不锈钢材质，使操作者与安全隐患隔绝。主要供消防员或抢险救护人员在浓烟、毒气、蒸气或缺氧等各种环境下安全有效地进行灭火、抢险救灾或救护工作。

第四，用好听力防护用品。听力防护用品主要用于减轻劳动者在作业过程中所受到的噪声伤害。在劳动生产过程中，很多生产环境都存在着噪声伤害，长期接触噪声，容易导致听力下降，甚至造成耳部某些器官不可逆的伤害。常见的听力防护用品主要分为耳塞和耳罩两类。其中，耳塞的佩戴部位为外耳道，通过塞入的方式插入外耳道以降低噪声。耳塞可以置于外耳道口处，也可完全插入外耳道。耳塞多使用柔软并且有形状记忆功能的材料，如聚乙烯、硅胶、棉、泡沫塑料或经过处理的玻璃纤维，通过隔绝耳道内外空气，实现降低入耳噪声的目的。耳罩一般由环箍和罩杯组成，在罩杯上固定有杯垫和其他降噪结构。佩戴时，应用罩杯将耳廓包围，以实现隔绝内外环境、降低噪声的目的。同耳塞相比，耳罩的异物感较低，但耳罩的质量和体积较大，且成本较高。由于耳罩的体积较大，可以在耳罩上附加多种结构，如降噪电路、通信模块等，以更好地实现降噪及通信的目的。带有环箍的耳罩，按照环箍的大小，可以分为大、中、小号，使用者应根据自身的实际情况选择佩戴。

第五，用好手部防护用品。手部防护用品指的是具有保护手和手臂的功能，供作业者劳动时使用的手套，通常称作劳动防护手套。常见的手部劳动伤害主要有撞击、切割、电击、生物性感染等。《劳动防护用品分类与代码》按照防护功能将手部防护用品分为普通防护手套、防水手套、防寒手套、防毒手套、防静电手套、防高温手套、防射线手套、防酸碱手套、防油手套、防震手套、防切割手套、绝缘手套及其他手套。劳动者应根据不同的工作场合进行选择。

第六，用好足部防护用品。足部防护用品主要是为了防护在劳动生产过程中对足部的损伤。常见的一些足部伤害主要有：在重工业行业（如一些采矿业、建筑业等），足部踏在尖锐物体上造成的伤害；在高温或低温的环境下（如一些铸造、热加工、冷库等作业场所），一些物质的飞溅或温度的极端情况对足部造成的伤害；在化工厂或辐射性的电池生产场所等，作业人员接触化学物质时可能发生的足部伤害。常见的足部防护用品有防尘鞋、防穿刺鞋、防酸碱鞋、防静电鞋等。

第七，用好常见坠落防护用品。在日常劳动生产中，存在一些高空作业的情况，建筑、电力、移动通信等行业都存在着很多高空作业的工种。按照我国的法律法规的相关要求，在高空作业时必须为工作人员配备相应的安全防护措施，常见的坠落防护用品有安全帽、安全带和安全网。其中，安全带一般采用全身式，由带体、安全配绳、缓冲包和金属配件组成，总称坠落悬挂安全带。使用方式为一穿戴背带，二系紧胸带，三系紧腿带，四系紧腰带，五连接带体与安全绳。安全网是用来防止人、物坠落，或用来避免坠落物击伤的防护用具，主要用于高处作业，如一些高层建筑工地、高架作业或是高处玻璃墙体清洁等。安全网由网体、边绳、系绳和筋绳构成。常见的"密目式建筑安全立网"就是我们一般见到的施工期间包围整个建筑物的有色立式网，绝大部分为绿色，可有效防止建筑周围各种物体的坠落，起到良好的缓冲作用。

● 拓展阅读

安全生产常识五十条

1．什么是安全？安全是指没有受到威胁，没有危险、危害、损失。是指人类的整体与生存环境资源的和谐相处，互相不伤害，不存在危险、危害的隐患，是免除了不可接受的损害风险的状态。安全是在人类生产过程中，将系统的运行状态对人类的生命、财产、环境可能产生的损害控制在人类能接受水平以下的状态。

2．什么叫事故？事故是指人们在有目的地进行生产劳动中突然发生意外事件，迫使生产暂时停止或人员受到伤害。事故是生产实践异常的突变。

3．什么是劳动保护？劳动保护是指根据国家法律法规，依靠技术进步和科学管理，采取组织措施和技术措施，消除危及人身安全健康的不良条件和行为，防止事故和职业病，保护劳动者在劳动过程中的安全与健康，其内容包括：劳动安全、劳动卫生、女工保护、未成年工保护。

4．什么叫三违？违章指挥、违章操作、违反劳动纪律。

5．什么叫四不伤害原则？不伤害自己、不伤害别人、不被他人伤害、保护他人不受伤害。

6．什么叫四不放过原则？对事故原因没有查清不放过，事故责任者没有严肃处理不放过，事故责任者与应受教育者没有受到教育不放过，防范措施没有落实不放过。

7．事故伤害程度分为：轻伤、重伤、死亡。

8．什么叫轻伤？轻伤是指造成职工肢体伤残，或某些器官功能性或器质性轻度损伤，表现为劳动能力轻度或暂时丧失的伤害。一般指受伤职工歇工在一个工作日以上，但够不上重伤者。

9.什么叫重伤?重伤是指造成职工肢体残缺或听觉等器官受到严重损伤,一般能引起人体长期存在功能障碍,或劳动能力有重大损失的伤害。

10.什么是"三管三必须"?安全生产工作实行管行业必须管安全、管业务必须管安全、管生产经营必须管安全。(新安全生产法第三条)

11．什么是全员安全责任制?生产经营单位的全员安全生产责任制应当明确各岗位的责任人员、责任范围和考核标准等内容。生产经营单位应当建立相应的机制,加强对全员安全生产责任制落实情况的监督考核,保证全员安全生产责任制的落实。(新安全生产法第二十二条)

12．为什么要进行安全培训?生产经营单位应当对从业人员进行安全生产教育和培训,保证从业人员具备必要的安全生产知识,熟悉有关的安全生产规章制度和安全操作规程,掌握本岗位的安全操作技能,了解事故应急处理措施,知悉自身在安全生产方面的权利和义务。未经安全生产教育和培训合格的从业人员,不得上岗作业。(新安全生产法第二十八条)

13．为什么要持证上岗?生产经营单位的特种作业人员必须按照国家有关规定经专门的安全作业培训,取得相应资格,方可上岗作业。(新安全生产法第三十条)

14．为什么要佩戴劳动防护用品?生产经营单位必须为从业人员提供符合国家标准或者行业标准的劳动防护用品,并监督、教育从业人员按照使用规则佩戴、使用。(新安全生产法第四十五条)从业人员在作业过程中,应当严格落实岗位安全责任,遵守本单位的安全生产规章制度和操作规程,服从管理,正确佩戴和使用劳动防护用品。(新安全生产法第五十七条)

15．生产经营单位主要负责人的安全生产职责。

（1）建立健全并落实本单位全员安全生产责任制，加强安全生产标准化建设；

（2）组织制定并实施本单位安全生产规章制度和操作规程；

（3）组织制订并实施本单位安全生产教育和培训计划；

（4）保证本单位安全生产投入的有效实施；

（5）组织建立并落实安全风险分级管控和隐患排查治理双重预防工作机制，督促、检查本单位的安全生产工作，及时消除生产安全事故隐患；

（6）组织制定并实施本单位的生产安全事故应急救援预案；

（7）及时、如实报告生产安全事故。

16．企业安全生产管理机构以及安全生产管理人员职责。

（1）组织或者参与拟定本单位安全生产规章制度、操作规程和生产安全事故应急救援预案；

（2）组织或者参与本单位安全生产教育和培训，如实记录安全生产教育和培训情况；

（3）组织开展危险源辨识和评估，督促落实本单位重大危险源的安全管理措施；

（4）组织或者参与本单位应急救援演练；

（5）检查本单位的安全生产状况，及时排查生产安全事故隐患，提出改进安全生产管理的建议；

（6）制止和纠正违章指挥、强令冒险作业、违反操作规程的行为；

（7）督促落实本单位安全生产整改措施。

生产经营单位可以设置专职安全生产分管负责人，协助本单位主要负责人履行安全生产管理职责。

17．我国的安全生产方针？安全生产工作应当以人为本，坚持人民至上、生命至上，把保护人民生命安全摆在首位，树牢安全发展理念，坚持安全第一、预防为主、综合治理的方针，从源头上防范化解重大安全风险。

18．应急预案演练频次？生产经营单位应当制定本单位的应急预案演练计划，根据本单位的事故风险特点，每年至少组织一次综合应急预案演练或者专项应急预案演练，每半年至少组织一次现场处置方案演练。

易燃易爆物品、危险化学品等危险物品的生产、经营、储存、运输单位，矿山、金属冶炼、城市轨道交通运营、建筑施工单位以及宾馆、商场、娱乐场所、旅游景区等人员密集场所经营单位，应当至少每半年组织一次生产安全事故应急预案演练，并将演练情况报送所在地县级以上地方人民政府负有安全生产监督管理职责的部门。

19．消防安全"一懂三会"是什么？懂得所在场所的火灾危险性，会报警、会逃生、会扑救初期火灾。

20．什么叫责任事故？是指因有关人员的过失而造成的事故。

21．什么叫非责任事故？是指由于自然界的因素而造成的不可抗拒的事故，或由于当前科学技术条件的限制而发生的难以预料的事故。

22．什么叫破坏事故？是指为达到一定目的而蓄意制造的事故。

23．企业职工在劳动过程中因病导致伤亡，能否按工伤事故处理？过程中因病导致伤亡，经县级以上医院诊断和劳动部门的调查，确认系职工本人疾病造成的，不按职工伤亡事故处理。

24．我国目前的安全管理体制是什么？企业全面负责、行业管理、国家监察、群众监督，劳动者遵章守纪。

25．发生工伤事故的应急原则？抢救伤员，保护事故现场，迅速报告有关部门。

26．各类安全生产制度的核心？安全生产责任制。

27．安全检查是发现和消除不安全因素的重要环节。

28．不安全状态是指导致事故发生的物质条件。不安全行为是指能造成事故的人为错误。

29．企业安全生产教育的任务是什么？是努力提高职工队伍的安全素质，提高广大职工对安全生产重要性的认识，增强安全生产责任感，提高广大职工遵守规章制度和劳动纪律的自觉性，增强对安全生产的法治观念，提高广大职工的安全技术知识水平。

30．班组安全教育的内容是什么？

（1）了解岗位的任务和作用、生产特点、生产设备、安全装置。

（2）了解岗位安全规章制度、安全操作规程。

（3）了解岗位防护用品、用具、工具的具体使用方法。

（4）了解岗位发生过的事故和教训。

31．什么叫保护接地、接零？保护接地是为了防止因绝缘损坏而遭受触电的危险，把在故障情况下可能呈现危险的对地电压的金属部分同大地紧密地连接起来，称为保护性接地。接零是将带电部分相绝缘的电气设备的金属部分外壳或构架与中性点直接接地系统中的零线相连接。

32．临时电线的架设要求？

（1）离地高度，室内不小于2.5米，室外不小于3米，跨越公路不小于5米；

（2）电线的绝缘必须良好；

（3）电线不得接触易燃易爆高温潮湿的管道、设备；

（4）电线留头要用绝缘胶布包扎好或临时配电插座盘。

33．什么叫闪点？什么叫燃点？凡是易燃液体和可燃液体的蒸气，遇到明火能引起闪燃现象，这时的温度值就叫闪点。物质在开始着火时的温度叫燃点。

34．电气线路发生火灾的主要原因是什么？

（1）线间短路；

（2）保险器安装不合适；

（3）过负荷；

（4）接点或连接处接触不良电阻过大，导线发热。

35．机械伤人的原因有哪些？

（1）机械设备不符合安全要求；

（2）使用过程中防护不周，无防护设施；

（3）安全操作规定不完善和安全教育不够。

36．施工现场电气发生火情时，应先切断电源，使用砂土，二氧化碳，"1211"或干粉灭火器灭火，不得用水和泡沫灭火器进行灭火。

37．火灾的分类？

火灾分为A、B、C、D四类。

A类火灾：指固体物质火灾。这种物质往往具有有机物性质，一般在燃烧时能产生灼热的余烬。如木材、棉、毛、麻、纸张火灾等。

B类火灾：指液体火灾和可熔化的固体火灾。如汽油、煤油、原油、甲醇、乙醇、沥青、石蜡火灾等。

C类火灾：指气体火灾。如煤气、天然气、甲烷、乙烷、丙烷、氢气火灾等。

D类火灾：指金属火灾。指钾、钠、镁、钛、锆、锂、铝镁合金火灾等。

38．《中华人民共和国安全生产法》于2002年6月9日公布，2002年11月1日施行。2014年8月31日第十二届全国人民代表大会常务委员会第十次会议通过全国人民代表大会常务委员会关于修改《中华人民共和国安全生产法》的决定，自2014年12月1日起施行。2021年6月10日新修订的《安全生产法》通过并发布，2021年9月1日生效。

39．职业病防治工作坚持预防为主、防治结合，实行分类管理、综合治理。

40．对工伤事故中停止呼吸和心跳的伤员，在5分钟内抢救成功率极高。

41．建筑物起火的5～7分钟内是灭火的最好时机，超过这个时间，就要设法逃离火灾现场。

42．用人单位强令劳动者违章冒险作业，发生重大伤亡事故，造成严重后果的，对责任人依法追究刑事责任。

43．人体允许通过的安全电流，男性为9毫安，女性为6毫安。电流为50毫安时，将危及人的生命，称为致死电流。

44．全国消防宣传日是11月9日。

45．安全色分类及其含义：红色：禁止标志。蓝色：指令标志。黄色：警戒标志。绿色：提示标志。

46．在遇到高压电线断落地面时，导线断落点20米内，禁止人员进入。

47．三线电缆中的红线代表火线。

48．劳动安全卫生标志：以代表劳动安全卫生的绿十字为中心，周围用变形的齿轮和橄榄枝叶构成一个图案，左侧的齿轮象征劳动、长城和中国，右侧的橄榄叶象征着和平、美满和幸福。

49．如果触电者伤势严重，呼吸停止或心脏停止跳动，应竭力施行人工呼吸和胸外心脏按压。

50．使用灭火器扑救火灾时要对准火焰根部喷射。

第五章
在工程训练中锻炼生产劳动技能

工程训练包括安全训练，也包括材料成型训练、机械制造训练、先进制造训练在内的劳动技能训练。劳动技能训练是工程训练的重点内容，或者说工程训练对大学生特别是工科大学生最主要的作用就是对生产劳动技能的锻炼与培养。

一、在材料成型训练中锻炼生产劳动技能

通过在工程训练中心开展材料成型训练，大学生能够基本掌握铸造、手工焊接、锻造和冲压、热处理和3D打印等方面的基础知识和操作方法。

（一）铸造

铸造是将金属熔炼成符合一定要求的液体并浇进铸型里，经冷却凝固、清整处理后得到有预定形状、尺寸和性能的铸件的工艺过程。铸造是比较经济的毛坯成型方法，对形状复杂的零件更能显示出它的经济性，如汽车发动机的缸体和缸盖，船舶的螺旋桨以及精致的艺术品等。

铸造的主要工艺过程包括：金属熔炼、模型制造、浇注凝固和脱模清理等。铸造用的主要材料是铸钢、铸铁、铸造有色合金（铜、铝、锌、铅等）等。铸造工艺可分为砂型铸造工艺和特种铸造工艺。特种铸造工艺又有离心铸造、低压铸造、差压铸造、增压铸造、石膏型铸造、陶瓷型铸造等。

砂型铸造是指利用砂型制造铸件的一种铸造方法。钢、铁及大多数有色金属铸件都可以用砂型铸造方法获得。砂型铸造所用的造型材料价格低廉，来源广泛，铸型制造相对简便，既可用于单件生产、小批量生产也可用于大批量生产。砂型铸造是目前生产制造中应用最为广泛的铸造方法。

压力铸造是指金属液在其他外力（不含重力）的作用下注入铸型的工艺。广义的压力铸造包括压铸机的压力铸造和真空铸造、低压铸造、离心铸造等。狭义的压力铸造专指压铸机的金属型压力铸造，简称压铸。压力铸造的主要步骤是合模、浇注、压射、凝固、开模、顶出及取出铸件。压力铸造易于实现自动化生产，生产率较高，但压铸模型制造周期长，费用高，设备投入成本大，因此，压力铸造适用于形状复杂铸件的大量生产。

熔模铸造是指用易熔材料制成熔模，在熔模表面涂覆多层耐火材料制成型壳，再将熔模熔化排除型壳，从而获得无分型面的铸型，经高温焙烧后即可填砂浇注的铸造方法。熔模铸造的主要步骤是制模、型壳制造、浇注和铸件清理。熔模铸造的铸件具有较高的尺寸精度和表面光洁度且可铸造各种合金的复杂铸件。由于其工艺过程较为复杂，生产周期相对较长，使用和消耗的材料较贵，故熔模铸造适用于生产形状复杂、精度要求高或很难进行其他加工的小型零件。

在铸造实习过程中要求学生了解工具的名称及使用方法，掌握铸造安全操作规程及常用的五种手工造型方法。

在铸造实训中，学生在指导人员的指导下认真学习铸造实训安全操作规程后，进行分模造型及造芯的实践操作。旨在让学生掌握分模造型的操作过程、造芯的工艺过程，了解各种工装、工具的选用方法。

（二）手工焊接

焊接技术就是高温或高压条件下，使用焊接材料（焊条或焊丝）将两块或两块以上的母材（待焊接的工件）连接成一个整体的操作方法。

焊接通过对金属加热或加压，或两者并用，使用或不用填充材料，使焊件接头处达到原子间扩散与结合并形成永久性连接。焊接与胶接和金属切削加工、压力加工、铸造、热处理等其他材料加工方法一起构成了现代机器制造业的加工技术。焊接方法的种类很多，主要应用在金属母材上，常用的有电弧焊、氩弧焊、二氧化碳气体保护焊、氧气-乙炔焊、激光焊接、电渣压力焊等多种。塑料等非金属材料也可进行焊接。金属焊接方法有四十种以上，主要分为熔焊、压焊和钎焊三大类。其中，熔焊又称熔化焊，熔焊焊接操作简单，对接头处表面质量要求不高，适用范围广，适用于各种常用金属材料的焊接，是现代工业生产中主要的焊接方法。压焊利用摩擦、扩散和加压等方法使焊件表面上的原子相互接近到晶格距离，从而在固态下实现连接。为便于进行焊接，在加压的同时大都伴随着加热。压焊主要适用于塑性较大的金属材料，焊接时，接头处表面质量要求高，夹杂杂物会阻碍原子间的扩散与结合从而影响焊接质量。钎焊利用熔点低于母材熔点的钎料作为填充金属，加热熔入接头间隙并与母材结合一起实现连接。钎焊对接头处表面质量要求很高，由于接头处金属并不熔化，焊接应力和变形都比较小，焊接成型美观。钎焊能够进行同种或者异种金属，甚至非金属的焊接。

焊接主要用于制造不同要求及批量生产的金属结构，如锅炉、压力容器、管道、船舶、车辆、桥梁、飞机、火箭、起重机、海洋结构、冶金和石油化工设备等。它也用来制造机器零部件和工具等，如重型机械的机架、轴、齿轮、锻模、刀具等。此外，焊接还用于零部件的修复焊补等。

在手工焊接实习过程中要求学生掌握手工焊接的安全操作规程以及手工电弧焊、气焊、点焊，二氧化碳气体保护焊的操作方法。学生需在指导人员指导下实际操作，利用手工电弧焊将两块钢板焊接在一起。指导人员应使学生了解焊条电弧焊焊机的种类、结构、性能和使用方法，进而使学生掌握焊条电弧焊的基本操作方法。

（三）锻造与冲压

锻造与冲压是利用锻压机械的锤头、钻块、冲头或通过模具对坯料施加压力，使之产生塑性变形，从而获得所需形状和尺寸的制件的成型加工方法，简称锻压。

在锻造加工中，坯料整体发生明显的塑性变形，有较大量的塑性流动；在冲压加工中，坯料主要通过改变各部位面积的空间位置而成型，其内部不出现较大距离的塑性流动。锻压主要用于加工金属制件，也可用于加工某些非金属，如工程塑料、橡胶以及复合材料等。

锻压主要按成型方式和变形温度进行分类。按成型方式锻压可分为锻造和冲压两大类；按变形温度锻压可分为热锻压、冷锻压、温锻压和等温锻压等。一是热锻压。热锻压是在金属再结晶温度以上进行的锻压。提高温度能改善金属的塑性，有利于提高工件的内在质量，使之不易产生开裂。高温度还能减小金属的变形抗力，降低所需锻压机械的吨位。但热锻压工序多，工件精度差，表面不光洁，锻件容易产生氧化、脱碳和烧损。二是冷锻压与温锻压。冷锻压是在低于金属再结晶温度下进行的锻压，通常所说的冷锻压多专指在常温下的锻压，而将在高于常温、但又不超过再结晶温度下的锻压称为温锻压。温锻压的精度较高，表面较光洁而变形抗力不大。在常温下冷锻压成型的工件，其形状和尺寸精度高，表面光洁，加工工序少，便于自动化生产。许多冷锻、冷冲压件可以直接用作零件或制品，而不再需要切削加工。但冷锻时，因金属的塑性低，变形时易产生开裂，变形抗力大，需要大吨位的锻压机械。三是等温锻压。等温锻压是指在整个成型过程中坯料温度保持恒定值。等温锻压是为了充分利用某些金属在同一温度下所具有的高塑性，或是为了获得特定的组织和性能。等温锻压需要将模具和坯料一起保持恒温，所需费用较高，仅用于特殊的锻压工艺。

锻压设备是指在锻压加工中用于成型和分离的机械设备。锻压设备包括成型用的锻锤、机械压力机、液压机、螺旋压力机和平锻机以及开卷机、矫正机、剪切机、锻造操作机等辅助设备。

学生需在指导人员的指导下认真学习手工焊接的安全操作规程后，进行手工自由锻造，将 80 mm×35 mm 的圆柱体毛坯锻打成 45 mm×45 mm 的正方体锻件。旨在让学生了解锻工工具的使用方法，掌握手工自由锻的操作方法。

（四）热处理

热处理是指材料在固态下，通过加热、保温和冷却的手段，以获得预期组织和性能的一种金属热加工工艺。金属热处理是机械制造中的重要工艺之一，与其他加工工艺相比，热处理一般不改变工件的形状和整体的化学成分，而是通过改变工件内部的显微组织，或改变工件表面的化学成分，赋予或改善工件的使用性能。其特点是改善工件的内在质量，而这一般不是肉眼所能看到的。为使金属工件具有所需要的力学性能、物理性能和化学性能，除合理选用材料和各种成型工艺外，热处理工艺往往是必不可少的。

热处理工艺大体可分为整体热处理、表面热处理和化学热处理三大类。根据加热介质、加热温度和冷却方法的不同，每一大类又可区分为若干不同的热处理工艺。同一种金属采用不同的热处理工艺，可获得不同的组织，从而具有不同的性能。钢铁是工业中应用最广的金属，而且钢铁显微组织也最为复杂，因此钢铁热处理工艺种类繁多。整体热处理是对工件整体加热，然后以适当的速度冷却，获得需要的组织结构，以改变其整体力学性能的金属热处理工艺。钢铁整体热处理大致有退火、正火、淬火和回火四种基本工艺。

热处理实训需要学生在掌握热处理实训安全操作规程的基础上，在指导人员的指导下使用电阻炉对 45# 钢金属样件材料进行正火、淬火及回火的处理，并利用洛氏硬度计对热处理过后的材料进行硬度测试。旨在让学生了解热处理的基本工艺、原理及其应用。

（五）3D 打印

3D 打印，也称为增材制造，是一种通过逐层添加材料的方式来构建物体的制造技术。3D 打印经过多年的发展，已经成为一种被广泛应用于各个领域的先进制造技术。

3D 打印的基本原理是利用计算机辅助设计（CAD）软件将三维模型转化为二维切片，然后将这些切片逐层堆叠，最终形成三维实体。在堆叠的过程中，材料会通过特殊的打印设备被一层一层地挤出，然后凝固形成具有特定形状的物体。3D 打印是根据零件的形状，每次制作一个具有一定微小厚度和特定形状的截面，然后再把它们逐层粘接起来，最终得到所需的零件。整个制造过程可以形容为一个"叠加"的过程。当然，这个过程是在计算机的控制下，由 3D 打印机系统自动完成的。日常生活中使用的普通打印机可打印电脑设计的平面物品，3D 打印机与普通打印机的工作原理基本相同，只是打印材料不同。打印机与电脑连接后，通过电脑控制把"打印材料"层层叠加起来，最终把电脑上的模型变成实物。通俗地说，3D 打印机是可以"打印出真实的 3D 物体的一种设备。之所以通俗地称其为"打印机"，是参照了普通打印机的技术原理，因为分层加工的过程与喷墨打印十分相似，这项打印技术被称为 3D 立体打印技术。3D 打印的具体过程是通过计算机软件创建一个三维模型，通常是 STL 和 CAD 文件，再将模型数字化信息传给打印机，打印机对这个三维模型完成一系列的数字切片，进行分层并将这些切片的信息传送到 3D 打印机上，然后将连续的薄型层面叠加起来，逐层打印，直到成型。

根据使用的材料和打印原理的不同，3D 打印可以分为多种类型。常见的 3D 打印技术包括：熔融沉积成型（FDM）、立体光固化成型（SLA）、电子束熔化成型（EBM）、粉末喷射成型（Powder Jetting）和喷墨式 3D 打印（Inkjet 3D Printing）等。

3D 打印的技术优势主要体现在能够制造复杂形状、个性化制造、节省材料、快速制造、无需模具、高精度制造以及环保等方面。3D 打印技术可以制造出传统制造方法难以加工的复杂形状，这对许多领域，如航空航天、医疗设备等，具有极大的价值。3D 打印技术可以实现个性化定制，根据客户的需求生产出特定形状和功能的零件或产品，这对满足消费者的个性化需求非常有利。3D 打印是一种增材制造技术，只在需要的地方添加材料，因此可以大大减少材料浪费，降低生产成本。3D 打印技术可以大大缩短产品的研发周期，从设计到生产可以在数小时或数天内完成，这对需要快速响应市场需求的企业非常有利。3D 打印技术无需使用传统的模具制造方法，因此可以减少模具制造的时间和成本，同时也降低了模具损坏的风险。3D 打印技术可以实现高精度的制造，对需要高精度零件的领域，如航空航天、医疗器械等，具有极大的价值。3D 打印使用的材料多为可回收材料，对环境影响较小，符合现代社会的环保理念。

在 3D 打印实训过程中，指导人员为同学们介绍 Objet30 打印机、全彩 3D 打印机、金属 3D 打印机及手持式三维扫描仪的适用范围及使用方法。学生学习完 3D 打印实训安全操作规程后利用三维软件建模，并利用熔融挤压快速成型设备加工出模型并进行后处理。旨在让学生了解3D打印技术，了解各种3D设备的工作原理、基本结构，掌握熔融挤压快速成型设备的操作方法。

二、在机械加工训练中锻炼生产劳动技能

通过在工程训练中心开展机械加工训练，大学生能够基本掌握机械加工相关方面的基础知识和操作方法。具体来说，在工程训练过程中，学生要学习基本的机械制造加工工艺，熟悉各种加工方法、加工工艺过程、工程术语、安全技术，并独立完成简单零件的加工方法选择和制造的全过程，使学生对工程问题从感性认识上升到理性认识。

（一）车削加工

车削加工是一种利用车床对工件进行切削加工的方法。它是机械制造中最常用的加工方法之一，广泛应用于各种行业和领域。车削加工的主要目的是使工件达到所需的形状和尺寸精度，同时提高其表面质量和力学性能。

车削加工的基本原理是利用车床主轴带动工件旋转，同时刀具沿工件轴向进给，从而实现对工件的切削加工。车削加工过程中，刀具与工件的相对运动可以形成切屑，从而去除多余的材料。根据切削时的进给方向，车削可以分为卧式车削和立式车削。

车削加工具有以下特点：一是适应性强。车削加工可以加工各种形状和尺寸的工件，包括轴、盘、套等，应用范围广泛。二是精度高。车削加工的精度较高，可以达到较高的尺寸和形状精度，同时也可以提高工件的表面质量和力学性能。三是高效率。车削加工的切削速度较高，同时可以采用多刀同时切削，提高加工效率。四是可实现自动化。车削加工可以通过数控技术实现自动化加工，提高生产效率和产

品质量。

车削加工广泛应用于机械制造、汽车、航空航天、电子等领域。在机械制造行业中，车削加工是机械零件加工的主要手段之一，可以用于粗加工、半精加工和精加工等不同阶段的加工。

车削加工工程训练可分为普通车削加工实训及数控车削加工实训。

1. 普通车削加工

车削加工要按照以下步骤开展：第一，进行材料准备及各种切削工具和辅助工具的准备。第二，进行设计与加工规划。需要根据产品设计图纸来制定车削加工方案。包括确定加工顺序、切削参数、夹持方式和选择刀具。第三，进行夹紧和卡盘。夹紧和卡盘是车削加工中保证加工质量和安全的重要环节。第四，进行刀具选择。根据产品设计图纸，选择合适的刀具，并进行调整和校准。第五，进行加工操作。在车削加工的过程中，需要根据切削参数调整车床等设备的工作状态。第六，进行解夹和清理。车削加工完成后，需要对工件进行解夹，将其从卡盘或夹紧器中取出。同时，还需要对车床等设备进行清理。第七，进行检验和测试。要对加工的零件进行检验和测试，以保证其符合产品设计图纸的要求。

2. 数控车削加工

数控车削是指数字化控制车床加工的工艺方法，在车床主体加入了数控系统和驱动系统，形成了数控车床。数控车床大致可分为经济型数控车、全功能数控车和车铣复合机床，具有自动化、精度高、效率高和通用性好等特点，适用于复杂零件生产和大批量生产。配备多工位刀塔或动力刀塔的数控车床也称车削中心或车铣复合，它具有广泛的加工性能，可加工外圆、孔件、螺纹、槽、蜗杆等复杂工件，具有直线插补、圆弧插补等各种补偿功能。

运用数控车削进行工业生产的过程中，首先要对图纸进行研究与分析，然后确定整个加工工艺的操作线路和制作方式。在准备工作结束后，会对工序和工步进行具体的设计，完善加工轨迹。最后进行加工程序的编写，可利用试加工的方式对程序进行修正和检验。

数控车削与传统的普通加工方式相比，在加工效率和工艺质量上都具有比较明显的突破，在实际的工艺加工中其应用范围也十分广泛。数控车削加工工艺具有宽广的内容覆盖，与传统加工方式相比在技术和方法上都进行了有效的提升。

在普通车削加工实训中，学生在认真学习普通车削加工实训安全操作规程后，在指导人员的指导下进行装夹、切断、车端面、钻中心孔等车工基本操作的学习，力求让学生掌握常规的车削加工方法。

在数控车削实训中，学生在认真学习数控车削实训操作规程后，在指导人员的指导下根据图纸要求进行编程并上机加工。旨在让学生了解数控车床的结构、基本原理，掌握数控车床的基本操作方式，同时让学生感受普通车削加工及数控车削加工的差异性。

（二）钳工

任何一台机械设备的制造都要经过零件的加工制造、部件组装、整机装配、调整试运行等阶段。其中有大量的工作是用简单工具靠手工操作来完成的，这就是钳工加工的工作性质。

钳工加工的基本原理是通过手工操作或使用简单的工具和设备，对金属材料进行加工和制造。钳工加工的主要内容包括划线、锯割、锉削、钻孔、攻丝等。这些操作都需要一定的技能和经验，因此钳工加工需要经过专业的培训和实践才能掌握。钳工可分为普通钳工、划线钳工、修理钳工、装配钳工、模具钳工、工具钳工、钣金钳工，他们要掌握零件的测量、划线、锯削、锤削、钻孔、扩孔、钩孔、铰孔、攻螺纹、套螺纹、刮削、研磨、矫正、弯曲、铆接，自用工具的刃磨，简单的热处理及零部件和产品的装配、修理、调试。

钳工加工具有灵活性好、精度高、适用性强和成本低的特点。钳工加工可以根据不同的需求和条件，灵活地选择不同的工具和设备进行加工。钳工加工也可以根据不同的材料和加工要求，灵活地调整加工参数和工艺流程。钳工加工可以通过精细操作和调整，达到较高的加工精度。在对某些高精度的零件的加工中，钳工加工甚至可以优于一些先进的数控机床。钳工加工可以适用于各种金属材料的加工和制造，包括钢、铁、铜、铝等。同时，钳工加工也可以适用于各种形状和尺寸的零件加工，包括轴类、套类、板类等。同时，相对于一些先进的数控机床，钳工加工的成本相对较低。在一些小批量、多品种的零件加工中，钳工加工可以降低生产成本，提高生产效率。但钳工加工也存在生产效率低，劳动强度大以及加工质量不稳定，加工质量的好坏受工人技术熟练程度的影响等问题。

在钳工加工实训中，学生在指导人员的指导下认真学习钳工实训安全操作规程后，进行锉削、划线、锯削、钻孔及工件加工与组装的实训操作学习。指导人员应使学生了解锉刀的材料、组成、种类和选用方法；掌握锉刀使用方法、平面锉削时的站立姿势、施力方式、正确的锉削速度和平面度的检测方法；了解划线的作用和种类、划线工具及其使用方法、划线基准、选用原则及类型；了解锯削及锯削工具，掌握锯削的基本操作方法；了解孔加工的基本操作方法，钻床的基本结构、工作原理和操作方法。

（三）铣削加工

铣削是以铣刀作为刀具加工物体表面的一种机械加工方法。铣削是指使用旋转的多刃刀具切削工件，是高效率的加工方法。工作时刀具旋转（作主运动），工件移动（作进给运动），工件也可以固定，但此时旋转的刀具还必须移动（同时完成主运动和进给运动）。铣削用的机床有卧式铣床或立式铣床，也有大型的龙门铣床。这些机床可以是普通机床，也可以是数控机床。铣削一般在铣床或镗床上进行，适用于加工平面、沟槽、各种成形面（如花键、齿轮和螺纹）和模具的特殊形面等。

铣削加工的特点在于：一是采用多刃刀具加工，刀刃轮替切削，刀具冷却效果好，耐用度高。二是铣削加工生产效率高、加工范围广。在普通铣床上使用各种不同的铣刀可以完成加工平面（平行面、垂直面、斜面）、台阶、沟槽（直角沟槽、V形槽、T形槽、燕尾槽等特形槽）、特形面等加工任务。加上分度头等铣床附件的配合运用，还可以完成花键轴、螺旋轴齿式离合器等工件的铣削。三是铣削加工具有较高的加工精度。

在铣削加工操作过程中，操作人员应穿紧身工作服，袖口扎紧；要戴防护帽；高速铣削时要戴防护镜；铣削铸铁件时应戴口罩；操作时，严禁戴手套，以防将手卷入旋转刀具和工件之间。操作前应检查铣床各部件及安全装置是否安全可靠；检查设备电器部分的运作是否正常。装卸工件时，应将工作台推到安全位置，使用扳手紧固工件时，用力方向应避开铣刀，以防扳手打滑时撞到刀具或工夹具。装拆铣刀时要用专用衬垫垫好，不要用手直接握住铣刀。铣削不规则的工件及使用虎钳、分度头及专用夹具等工件时，不规则工件的重心及虎钳、分度头、专用夹具等应尽可能放在工作台的中间部位，避免工作台受力不匀，产生变形。机床运转时，不得调整、测量工件和改变润滑方式，以防手触及刀具碰伤手指。在铣刀旋转未完全停止前，不能用手去制动。铣削中不要用手清除切屑，也不要用嘴吹，以防切屑损伤皮肤和眼睛。在机动快速进给时，要把手轮离合器打开，以防手轮快速旋转伤人。工作台换向时，须先将换向手柄停在中间位置，然后再换向，不准直接换向。铣削平面时，必须使用有四个刀头以上的刀盘，选择合适的切削用量，防止机床在铣削中产生振动。工作后，应将工作台停在中间位置，升降台落到最低的位置上。对数控立式铣床，工作前应根据工艺要求进行有关工作程序、主轴转速、刀具进给量、刀具运动轨迹和连续越位等项目的预选。应将电气旋钮置于"调整"位置进行试车，确认无问题后，再将电气旋钮置于自动或半自动位置进行工作。

铣削加工实训中，学生学习铣削加工实训安全操作规程后，在指导人员的指导下按照图纸，利用铣床加工工件。学生应了解铣床组成、加工范围、铣刀种类及用途；熟悉铣床主要加工方法及工件装夹方法；掌握铣床的基本操作方法。

（四）加工中心

加工中心最初是从数控铣床发展而来的。随着科学技术的迅速发展，机械产品日趋精密复杂，且需频繁改型，精度要求高，形状复杂，批量小。加工这类产品需要经常改装或调整设备，普通机床或专用化程度高的自动化机床已不能适应这些要求。为了解决上述问题，一种新型机床——数控机床应运而生。这种新型机床具有适应性强、加工精度高、加工质量稳定和生产效率高等优点。它综合了电子计算机、自动控制、伺服驱动、精密测量和新型机械结构多方面的技术成果，是今后机床控制的发展方向。

加工中心的组成随机床的类别、功能、参数的不同而有所不同。机床本身分为基本部件和选择部件，数控系统有基本功能和选用功能，机床参数有主参数和其他参数。机床制造厂可根据用户提出的要求进行生产，但同类机床产品的基本功能和部件组成一般差别不大。

加工中心工作的过程中，需要把各种操作步骤（如主轴变速、工件夹紧、进给、启停、刀具选择、冷却液供给等）和工件的形状尺寸用程序来表示；需要将信息输入到计算机数控装置，并进行相应的处理和运算；需要把刀具和工件的运动坐标分割成一些最小单位量，由数控系统按照零件程序的要求控制伺服驱动系统，从而实现刀具与工件的相对运动，完成零件的加工。

　　加工中心在广泛应用中展现出了其突出的特色。第一，加工中心工序集中。加工中心有具备自动换刀功能的刀库，工件在一次装夹后，能完成多道工序加工。按不同工序编制数控程序并执行后，加工中心能自动选择和更换刀具，自动改变机床主轴转速、进给量以及其他辅助功能，实现多表面、多特征、多工位的连续、高效、高精度加工，即工序集中。第二，加工中心对加工对象的适应性强。加工中心生产的柔性在于，随着CAD/CAM技术成熟发展，配合四轴联动、五轴联动，加工中心能满足形状复杂零件的加工需求，对特殊要求能快速反应，还能快速实现批量生产，提高市场竞争能力。第三，加工中心加工精度高。加工中心生产由数控程序自动控制，能够避免长工艺流程，减少人为干扰。选择合理的切削参数，能够让加工精度更高，加工质量更稳定。第四，加工中心生产效率高。零件加工所需要的时间包括机动时间与辅助时间两部分。加工中心带有刀库和自动换刀装置，在一台机床上能集中完成多种工序，因而可减少工件装夹、测量和机床调整的时间，减少工件半成品的周转、搬运和存放时间，使机床的切削利用率（切削时间和辅助时间之比）高于普通机床3～4倍，达到80%以上。加工中心在首件试切调试完成、程序和相关生产信息储存后，后期批量生产时调用更加方便。第五，操作加工中心的劳动者劳动强度减轻。加工中心对零件的加工是按照程序内容自动完成的，操作者除了面板控制、装卸零件、进行关键工序的中间测量以及观察机床的运行之外，不需要进行繁重的重复性手工操作，劳动强度和紧张程度均可大大减轻，劳动条件也得到很大的改善。第六，加工中心的管理使用较为现代化。加工中心生产加工零件，能够准确地计算零件的加工工时。这些特点有利于使生产管理现代化，加上CAD/CAM集成软件的生产管理模块，实现计算机辅助生产管理。

　　针对加工中心的工艺特点，加工中心适合加工形状复杂、加工内容多、要求较高的普通机床和众多的工艺装备、经多次装夹和调整才能完成加工的零件。主要加工对象有下列几种：第一，既有平面又有孔系的零件。加工中心具有自动换刀装置，在一次安装中，可以完成零件上平面的铣削，孔系的钻削、锂削、铰削、铣削及攻螺纹等多工步加工。加工的部位可以在一个平面上，也可以在不同的平面上。因此，既有平面又有孔系的零件是加工中心首选的加工对象，常见的有箱体类零件和盘、套、板类零件。具体来说：一是箱体类零件。箱体类零件很多，一般要进行多工位孔系及平面加工，精度要求较高，特别是形状精度和位置精度较高，通常要经过铣、钻、扩、锌、铰、攻螺纹等工步，需要的刀具较多，在普通机床上加工难度大，工装套数多，精度不易保证。二是盘、套、板类零件。这类零件的端面上有平面、曲面和孔系，径向也常分布一些孔。加工部位集中在单一端面上的盘、套、板类零件宜选择立式加工中心，加工部位不是位于同一方向表面上的零件宜选择卧式加工中心。第二，结构形状复杂、普通机床难加工的零件。表面由复杂曲线、曲面组成的零件，加工时需要多坐标联动加工，这在普通机床上是难以完成甚至无法完成的，加工中心是加工这类零件的最有效的设备。最常见的典型零件包括：一是凸轮类，这类零件有各种曲线的盘形凸轮、圆柱凸轮、圆锥凸轮和端面凸轮等，加工时可根据凸轮表面的复杂程度，选用三轴、四轴或五轴联动的加工中心。二是整体类叶轮，常见于空气压缩机、航空发动机的压气机、船舶水下推进器等，它除具有一般曲面加工的特点外，还存在许多特殊的加工难点，如通道狭窄，刀具很容易与加工表面和临近曲面产生干涉等。加工这类零件可采用四轴以上的加工中心。三是模具类，常见的模具有锻压模具、铸造模具、注塑模具及橡胶模具等。由于工序高度集中，动模、静模等关键件基本上可在加工中心上经一次安装完成全部的机加工内容，尺寸累计误差及修配工作量小。同时，模具的可复制性强，互换性好。第三，外形不规则的异型零件。异型零件是指支架、拨叉这一类外形不规则的零件，大多要点、线、面多工位混合加工。由于外形不规则，普通机床上只能采取工序分散的原则进行加工，需用工装较多，周期较长。利用加工中心多工位点、线、面混合加工的特点，可以完成大部分甚至是全部工序的内容。第四，加工精度较高的中小批量零件。针对加工中心加工精度高、尺寸稳定的特点，对加工精度较高的中小批量零件来说，选择加工中心加工，容易获得所要求的尺寸精度和形状位置精度。

加工中心实训中，学生学习加工中心实训安全操作规程后，在指导人员的指导下按照图纸进行程序编制，利用VDL600A加工中心进行加工。旨在让学生了解加工中心的基本原理、结构；掌握加工中心的基本操作方法。

（五）磨削加工

磨削加工是一种利用磨具与工件之间的相对运动，通过磨削力将工件表面材料去除的加工方法。在磨削加工过程中，磨具与工件之间存在一定的压力和相对运动，这种压力和相对运动使得磨具与工件之间产生摩擦，从而产生磨削力。磨削力的大小取决于磨具的硬度、粒度、磨削速度和进给量等因素。

磨削加工具有高精度、高效率、适应性广、自动化程度高的特点。其中，高精度在于磨削加工可以获得较高的尺寸精度和形状精度，同时也可以提高工件的表面质量和粗糙度。高效率在于磨削加工的切削速度较高，同时可以采用多砂轮同时切削，提高加工效率。适应性广在于磨削加工可以加工各种硬度的材料，包括金属、非金属等，应用范围广泛。自动化程度高在于磨削加工可以通过数控技术实现自动化加工，提高生产效率和产品质量。

磨削加工应用前景广泛。如在机械制造行业中，磨削加工是机械零件加工的主要手段之一，可以用于粗加工、半精加工和精加工等不同阶段的加工。在汽车行业中,磨削加工主要用于汽车零部件的制造和维修。在航空航天行业中,磨削加工主要用于制造航空发动机和航天器中的高性能零件。在电子行业中,磨削加工主要用于制造电子元器件和精密部件。

  磨削加工是一种复杂的工艺,需要经过多个步骤和环节。第一步,准备工具和材料。在进行磨削加工前,需要准备以下工具和材料:磨具,根据加工要求选择合适的磨具,如砂轮等;机床,具有磨削功能的机床,如平面磨床、外圆磨床等;工件,要加工的零部件;量具,用于测量工件尺寸和形状的工具;切削液,冷却和润滑磨削过程。第二步,将工件安装在机床的夹具上,确保工件的位置和姿态准确。这一步骤需要考虑到工件的形状、大小以及加工要求等因素,以确保装夹稳定且不会影响加工质量。第三步,根据加工要求调整机床的参数,如砂轮转速、进给速度等。这些参数需要根据工件的材料、硬度以及加工要求进行合理设置,以确保加工质量和效率。第四步,开始磨削。启动机床,进行磨削加工。在加工过程中,操作工人需要时刻关注磨削情况,根据实际情况调整切削参数。这包括进给速度、砂轮转速等参数以及切削液的供应等。第五步,进行测量和检验。在磨削完成后,使用量具对工件进行测量和检验,以确保加工质量符合要求。测量和检验的内容包括工件的尺寸、形状、表面粗糙度等,以确保工件符合设计要求和加工标准。第六步,进行维护和保养。对磨具进行维护和保养,以确保磨具的切削性能和寿命。同时,对机床进行定期保养,以保证机床的精度和稳定性。这些保养措施包括更换切削液、清理机床内部和外部、检查液压系统等。此外,还需要对磨具进行修整或更换,以保证其切削性能和精度。

  磨削加工实训中,学生学习磨削加工实训安全操作规程后,在指导人员的指导下按照图纸,利用磨床加工工件。旨在让学生了解工件的装夹方法和磨削加工步骤,了解磨削平面的基本操作方法。

（六）机械拆装

机械拆装是一项涉及复杂技术和严格操作的工艺过程，对理解机械结构和功能、优化设计、维修保养以及教育培训等方面都具有重要意义。以下是对机械拆装的详细介绍。

拆装可分为两种工艺过程：拆卸与装配。其中拆卸是指将设备或机器等按技术要求分解并拆下零部件的过程，而装配则是按技术要求将部件、零件等进行装配与连接，使其成为半成品或成品的过程。

拆卸工作是设备使用维护中的重要组成部分。学生不可盲目操作，拆前应做好准备工作，否则可能会损坏零件，影响设备精度及其工作性能。拆装前应认真研究拆卸设备的技术资料，在熟悉后确认拆卸工艺流程并选择合理的拆卸工具后，方可进行后续工作。在拆卸过程中，应根据拆卸对象的结构特点进行综合考量，一般应遵循由外到内，从上到下，先拆重大零件后拆轻巧零件，先拆组件或部件后拆零件的拆卸原则。拆卸时要坚持拆卸服务于装配的原则，将拆卸下来的零件进行合理地、有规律地摆放以便后续装配。根据被拆卸设备零部件结构特点，应选择合理的拆卸方法。常用的拆卸方法有击卸法、拉拔法、顶压法、温差法和破坏法等。

和拆卸一样，装配前也需要进行准备工作，应先研究需装配产品的装配图、工艺文件及技术资料等，对产品有深入了解后，根据装配工艺和装配方法准备装配工具，最后清洗零件，检查零件质量，对有特殊装配要求的零件，要根据要求进行相应处理。进行装配时，组织零件应按照设备产品的装配工艺规程进行装配，对较为复杂的产品，应先进行组件和部件的装配，再进行总装配。装配完成后，对装配好的设备要进行调整，同时要对其进行多项检验，确认其是否达到相关技术要求。无误后需进行喷漆、涂油和装箱等工作。

在机械拆装实训中，学生应在指导人员的指导下，对车床溜板箱、车床主轴箱和车床变速箱进行拆装，学生可以直观地观察到各个零部件的形状、尺寸、材料以及它们之间的装配关系。学生应了解车床溜板箱、主轴箱和变速箱的结构组成及传动原理，掌握车床溜板箱、主轴箱和变速箱的拆装工艺流程。学生在拆装过程中，应了解机械的结构和装配关系，这是生产劳动教育的重要内容之一。

（七）工业测量

测量就是将被测的量与具有计量单位的标准量进行比较，从而确定被测量的量值。工业测量是指在工业生产过程中，通过对各种物理量（如长度、角度、温度、压力等）的测量和监控，实现对生产过程的精确控制和产品质量的有效保证。工业测量是工业生产过程中的重要环节，它涉及各种测量仪器和设备的使用以及测量数据的采集、处理和分析。

测量是机械生产过程中的重要组成部分，测量技术的基本要求是：在测量过程中，应保证计量单位的统一和量值准确；应将误差控制在允许的范围内，以保证测量结果的精度；应正确、经济合理地选择计量器具和测量方法，以便估计它们可能引起测量误差的大小，以便对测量结果正确进行处理。

进行工业测量，需要使用计量器具。计量器具按其结构特点可分为量具、量规、计量仪器和计量装置四类。量具是指以固定形式复现量值的计量器具，它可分为单值量具和多值量具两种。量规是指没有刻度的专用计量器具，用以检验零件要素实际尺寸和几何误差的综合结果。使用量规检验的结果只能确定被检验要素是否合格。计量仪器（简称量仪）是指能将被测几何量的量值转换成可直接观测的指示值（示值）或等效信息的计量器具。计量装置是指为确定被测几何量量值所必需的计量器具和辅助设备的总体。它能测量同一工件上较多的几何量和形状较复杂的工件，有助于实现检测自动化或半自动化。

工业测量实训中学生需利用常用测量工具对工件进行测量，并根据图纸判别其是否符合要求，使学生掌握游标卡尺、内径指示表、外径千分尺、万能角度尺的结构、原理及使用方法；掌握半径规、螺距规的使用方法等。学生在指导人员的指导下利用三坐标测量机测量样件，能够了解三坐标测量机的基本操作方法，掌握通过三坐标机进行零件精度误差检测的方法。

（八）夹具设计

夹具设计是机械加工中的重要环节，它对提高产品质量、生产效率和降低成本具有重要意义。夹具是用于固定和定位工件的辅助工具，其设计需要考虑到工件的形状、尺寸、加工要求以及加工设备的特性等因素。

夹具设计的主要目的是确保工件在加工过程中能够被固定和定位在正确的位置上，以实现精确的加工。夹具的设计需要考虑到工件的形状、尺寸、加工要求以及加工设备的特性等因素，以确保夹具的稳定性和可靠性。

在夹具设计过程中，要对工件的形状、尺寸、加工要求等进行详细分析，确定夹具的设计方案；要根据工件的形状和加工要求，选择合适的定位方式，如一面两销定位等；要根据工件的形状和加工要求，设计合适的夹紧装置，如螺栓、压板等；要根据加工要求，设计合适的辅助机构，如分度盘、定位块等；要对设计的夹具进行校验，确保其满足加工要求和使用要求；要按照设计方案制造夹具，并进行调试和试验，确保其稳定性和可靠性。

在夹具设计中要确保夹具的精度，夹具的精度直接影响到工件的加工精度，因此需要在设计时确保其精度符合要求；要考虑夹具的刚度和强度，夹具需要具备一定的刚度和强度，以承受加工过程中的力和振动，防止变形或松动；要便于操作和维护，夹具的设计应该考虑到操作和维护的方便性，采用合理的结构和使用简单的工具；要经济合理，在保证质量和性能的前提下，尽可能降低夹具的成本，提高经济效益。

夹具设计实训教学中，夹具应该能够将工件准确地固定在加工设备上，确保工件的位置和角度不会发生变化；夹具应该能够牢固地夹紧工件，防止工件在加工过程中发生移动或松动；夹具应该具有简单的操作方式，方便工人进行操作和调整；夹具的结构应该简单、紧凑，方便制造和维修；夹具的设计应该考虑到成本因素，采用经济合理的材料和结构。

三、在先进制造训练中锻炼生产劳动技能

先进制造训练是一种以培养学生创新思维和实践能力为目标的教学方法。它通过引导学生进行综合性、创新性的实践活动，让学生在实践中发现问题、解决问题，从而提高学生的创新能力和实践能力。工程训练中的先进制造训练包含智能制造、工业机器人、线切割加工、激光加工、人工智能机器人、气动与液压、液态金属电路打印、机电一体化等方面的实训，通过先进制造训练开展生产劳动教育，可以在使学生在接受劳动教育的同时，实地接触最新的前沿技术，从而淬炼创新思维，培养创新本领。

（一）智能制造

智能制造是一种先进的制造模式，它借助物联网、大数据、人工智能等技术，实现生产过程的自动化、智能化和优化。智能制造的原理包括自动化、智能化、绿色化，它通过对多种技术的综合应用，如传感器技术、机器人技术等，优化生产流程、提高设备使用率、提升产品质量和节约生产成本。

智能制造的特点主要表现在以下几点。

其一，高度自动化。智能制造通过多种装备、系统、技术的紧密配合，实现了自动化生产。

其二，柔性化生产。智能制造设备具有机动性、多样性、灵活性，可实现按需生产。

其三，全面智能化。智能制造引入了大数据分析、人工智能、机器学习等技术，能够实现生产过程的全面智能化。

其四，生产绿色化。智能制造在生产过程中运用节能、环保等技术，实现了生产过程的绿色化。

智能制造的应用非常广泛，包括制造业、物流业、医疗保健等领域。在制造业中，智能制造被应用于生产线上，提高了生产效率和质量。在物流业中，智能制造被应用于物流机器人中，实现了货物的自动化分拣和搬运。在医疗保健领域，智能制造被应用于医疗器械和生物材料中，提高了医疗质量和效率。

工程训练中所使用的智能制造教学工厂（又称为智能制造生产线系统）是一套综合教学实践系统。该系统由控制中心、原材料区、成品区、数控精车区、数控精铣区、装配检测区等组成。该系统利用智能控制技术、信息物联技术、网络通信技术等多种技术手段，以电动车轮毂为加工对象，实现互联网下单、系统数据分析、物料自动存储、物料自动运送、数控车床机器人上下料、数控铣床机器人上下料、成品装配与检测等轮毂的生产工序。系统中各工作站既可协调作业也可独立运行，既可用于工程训练实训使用，也可用于实际生产加工。

在智能制造实践训练中，学生在指导人员的指导下，借助"智能制造教学虚拟仿真软件"，进行软件编程，将编好的PLC程序，导入真实的PLC上，进行调试；通过I/O信号输入输出，仿真软件虚拟生产线可验证信号的正确性；通过虚拟仿真软件学生能轻松了解智能制造生产线的组成及运行，帮助学生更深入地了解智能制造生产线。

（二）工业机器人

工业机器人是一种能够自动执行一系列动作的机器设备，这些动作通常是根据预设的程序或指令进行的。它们通常具有机械臂、传感器、控制器等组成部分，能够实现抓取、搬运、装配、检测等操作。根据应用领域和功能的不同，工业机器人可以分为多种类型。例如，根据操作对象的不同，可以分为装配机器人、焊接机器人、喷涂机器人等；根据自动化程度的不同，可以分为示教再现机器人、感知机器人等。

工业机器人通常由机械臂、控制器、传感器等部分组成。其中，机械臂是工业机器人的核心部分，它可以根据程序或指令执行各种动作。控制器是工业机器人的大脑，它负责接收和解释指令，并控制机械臂的运动。传感器则是工业机器人的眼睛和耳朵，它们能够感知周围环境的变化，并将信息反馈给控制器。

工业机器人的工作原理通常是通过预设的程序或指令来实现自动化操作的。首先，控制器会接收到来自操作人员或外部设备的指令，然后根据这些指令生成相应的运动轨迹和速度。随后，控制器将这些信息传递给机械臂，机械臂就会按照这些指令进行运动。同时，传感器会不断感知周围环境的变化，并将信息反馈给控制器，以实现更精确地定位和操作。

工程训练中的关于工业机器人的实训由两部分组成。其一是学生在指导人员的指导下认真学习工业机器人实训安全操作规程后，利用焊接机器人将两块不锈钢板进行直线焊接。这能够使学生了解焊接机器人系统的组成，了解机器人示教编程，掌握焊接机器人操作过程。其二是工业机器人的操作演示，由指导人员对工业机器人实训操作平台的六套学习任务模型进行演示操作，使学生了解工业机器人系统的组成及各示教功能。

(三)线切割加工

线切割加工是一种利用连续移动的金属线作为电极,对工件进行切割成型的技术,在机械制造、航空航天、电子等领域得到了广泛应用。下面将对线切割加工进行详细的介绍。

线切割加工的基本原理是利用连续移动的金属线作为电极,通过电火花放电的方式对工件进行切割成型。在加工过程中,金属线作为电极,通过电火花放电产生高温,将工件切割成所需形状。同时,金属线在运动过程中也起到了冷却作用,使得切割过程更加稳定。

线切割具有多种优点:不需要制造成形电极,工件材料的预加工量少;可便捷加工复杂截面的窄缝、型孔、型柱等;基本实现一次加工成型,无需中途转换电规准;加工材料损耗相对小;自动化程度高,操作方便,成本低,较安全等。

线切割加工在各个领域都有广泛的应用。如在模具制造中,线切割加工主要用于制作各种形状复杂和精密细小的模具零件。通过线切割加工,可以快速、精确地切割出高质量的模具零件,提高模具制造的效率和精度。在金属零件加工中,在汽车、航空航天、电子等行业中,往往需要大量的金属零件。线切割加工可以快速、精确地完成这些零件的切割,满足生产需求。在珠宝加工中,线切割加工可以用于切割各种宝石和珠宝材料,实现精确切割和打磨,提高珠宝的质量和美观度。电子元件制造中,线切割加工可被用于制造各种微型电子元器件,如集成电路、半导体器件等。由于其高精度和高效率的特点,能够满足电子制造领域对零件精度和生产效率的要求。

线切割加工中为了能加工出合格的工件,在保证设备状态良好的前提下,还应重视加工时的工艺技术和技巧。只有工艺合理才能高效地加工出合格的工件。线切割技工的工艺指标主要包含加工精度、切割速度和表面粗糙度等。此外,反映加工效果的重要内容还包括加工表面层变化、放电间隙和电极丝损耗等。

线切割加工实训是一个针对线切割加工技术的实践训练课程。学生应在指导人员的指导下设计并加工线切割作品。通过实训，学生可以掌握线切割加工的基本原理、操作技能和加工技巧，提高对线切割加工的认识和应用能力。在实训过程中，学生需要了解线切割加工的基本原理和设备结构，掌握电极丝的安装和调整方法，学习如何调整工作参数和切割速度，掌握切割过程中的安全操作规程。此外，实训还包括对工件的加工练习，包括对切割形状、尺寸和精度的控制等。学生可以通过实际操作，加深对线切割加工的理解和掌握。通过线切割加工实训，学生可以掌握线切割加工的基本原理和操作技能，了解线切割加工的应用领域和加工要求；提高对线切割加工的认识和应用能力；掌握切割过程中的安全操作规程，确保生产安全。

（四）激光加工

激光加工技术是利用激光束与物质相互作用的特性对材料进行焊接、切割、打标等的一门加工技术。激光加工与其他加工技术相比有很多独到的优点。一是非接触式加工，激光加工属于非接触式加工，切割时无需刀具，避免了刀具磨损及切削力的影响。二是加工热影响区小，激光束照射的加工部分面积较小，随温度升高，产生的热量较大，但激光加工速度较快，其实际热影响的区域极小。三是灵活性强，可根据不同加工要求，选择合适的激光器，可与数控机床、机器人等设备相结合构成各种加工系统。四是加工范围大，激光不但可以加工金属材料，还可对非金属进行加工。而且还能加工高硬度、高脆性及高熔点的材料。激光加工技术目前已广泛应用于工业、农业、医学、军事、天文等多个领域。

激光切割、激光打标是激光加工的主要应用，也是工程训练中激光加工实训的主要方面。

激光切割是将激光束通过聚焦镜聚集成很小的光斑投射到材料表面，使材料发生气化、熔化、断裂等现象，从而达到切割材料的目的。在切割过程中喷嘴从与光束平行的方向喷出辅助气体将熔渣吹走，以保证激光切割质量，在伺服电机驱动下，切割头按照预定路线运动，从而切割出各种形状的工件。激光切割加工具有精度高，切割快速，不局限于切割图案限制，切口平滑，加工成本低等特点。

激光打标是利用高能量密度的激光束照射被加工工件，使工件的表层瞬间发生气化、熔化、相变等物理或化学反应，从而留下标记的一种标记方法。激光打标技术在激光加工领域中是应用最为广泛的。激光打标根据其形成原理可分为三类：一是通过移除物质实现打标。其原理在于利用高能量密度的激光束照射被加工工件，使材料瞬时熔化或气化，从而移除部分物质，进而实现打标。二是通过改变材料表层颜色实现打标。其原理在于利用高能量密度的激光束照射被加工工件，将材料加热至相变（金属材料）或变性温度（非金属材料），改变工件材料表面颜色，进而实现打标。三是通过材料层次移动实现打标。其原理在于利用高能量密度的激光束照射被加工工件，通过移除多层材料汇总的某一层或某几层，从而显示底层颜色，形成颜色的对比度，进而实现打标。

学生要在指导人员的指导下，设计名片及笔筒并上机操作，实际动手加工制作，以熟悉激光加工的常用工艺；掌握激光打标和激光切割的原理、加工特点及应用范围；熟练掌握激光打标机和激光切割机的组成与结构，能够独立操作设备。

（五）人工智能机器人

机器人可以简单地定义为一种能够通过编程来完成任务的机器，当一个程序编制完成后，它能够重复地执行这个特定的任务，并且能够在不需要设计新机器人的情况下，通过再次进行编程来执行另外的任务。

智能机器人也称第三代机器人。一般来说，科技界把早期的机器人称作第一代机器人，它们按人编写的程序工作，这些机器人从严格的意义上来说不属于机器人，因为它们只能重复一种动作，以一种固定的模式工作。由电脑控制的机器人被称为第二代机器人，它可根据需要按不同的程序完成不同的工作，这就使得机器人在很多人类所不能完成的工作上大展拳脚，解决了很多工业生产和日常生活中的难题。前文中的工业机器人就是这一代际机器人的典型代表。而随着科学技术的不断进步，机器人逐渐向智能化发展，智能机器人也就应运而生了。智能机器人具有人的智慧，可以认识周围的环境和自身的状态，并能进行分析和判断，然后采取相应的策略完成任务。

现阶段各种类型的智能机器人包括应用机器人、不动机器人、移动助理机器人和仿人机器人。其中应用机器人又称为"电器机器人"，它们就像具备智能的家用电器，如吸尘器机器人，其外形如同厚厚的圆盘，配备超声波监视器和红外线眼，避免其撞坏家具和跌下楼梯。不动机器人是安装在固定地点的家用机器人，它通过嵌入式软件进行操作，通过传感器感知，通过网络与人交流。移动助理机器人的品种很多，应用广泛，是市场潜力最大的机器人之一。仿人机器人也被称为通用机器人，是开发难度最高的机器人之一，因为大家希望从它身上看到人的表情和反应。目前，仿人机器人可以用于娱乐和服务，科学家们正在开发更智能的软件，使机器人能和人交流并具备学习能力。

随着计算机技术和人工智能技术及传感技术的迅速发展，智能机器人也进入了一个新的快速发展阶段，如当前人工智能机器人的出现。人工智能机器人是一种基于人工智能技术的机器人设备，通过计算机程序和算法实现自主决策和行动。它们可以感知环境、理解指令、学习和优化自身性能，以完成各种复杂任务。人工智能机器人的发展得益于计算机技术、传感器技术、控制技术等多个领域的进步，使得机器人能够更加智能化地适应各种环境和任务。

人工智能机器人实训是一个针对智能机器人技术的实践环节，旨在通过实际操作和实验，让学生深入了解智能机器人的原理、技术和应用。学生应在指导人员的指导下实践操作机器人，亲自动手完成一些任务和项目，如编写程序控制机器人移动、识别物体、完成一些任务等。在这一过程中，要注重分析问题和解决问题，在完成实践操作后，也要着力进行总结，真正了解和掌握智能机器人特别是人工智能机器人这一前沿技术应用。

（六）气动与液压

气动（pneumatic）是"气动技术"或"气压传动与控制"的简称。气压传动是以空气压缩机（简称为空压机）为动力源，以压缩空气为工作介质，进行能量传递或信号控制的一门自动化技术。气压传动的工作原理是利用空压机把电动机或其他原动机输出的机械能转换为空气的压力能，在控制元件的作用下，通过执行元件（气缸和气马达）把压力能转换为使工作部件获得所需要的直线往复运动和回转运动的机械能，同时还需要利用各种气动元件和装置组成所需要的控制回路才可实现自动化控制，从而使各种动作完成，实现对外做功，最终实现气压传动。

气动系统由气源装置、执行元件、控制元件和辅助元件四部分组成。其中气源装置由电动机、空气压缩机、后冷却器、油水分离器、储气罐等组成。执行元件主要有气缸和气马达。控制元件主要有压力控制阀、流量控制阀、方向控制阀等。辅助元件主要由油雾器、消声器、传感器、排气洁净器、压力开关和管件接头等组成。

气压传动有着来源方便、不污染环境、不需回收；在管道中流动阻力小、压力损失小、可集中或远距离输送供气；适用于易燃、易爆、强磁、潮湿等恶劣环境；气动原件结构简单，成本低，寿命长；操作控制方便，易于实现自动化控制等优点。

在气压传动实训教学中,学生要在指导人员的指导下,进行气动基本回路和气动典型回路的连接。指导人员应使学生熟悉气压传动的基本原件,使学生具备熟练分析经典回路工作原理并可自主设计出自动往返回路的能力。

液压传动是以液体(油、合成液体)为工作介质,利用液体的压力能来实现能量传递的传动方式。

液压系统可分为两类:液压传动系统和液压控制系统。液压传动系统以传递动力和运动为主要功能;液压控制系统则是要使液压系统的输出满足特定的性能要求(特别是动态性能)。通常所说的液压系统指的是液压传动系统。

液压传动系统主要由能源装置、执行装置、控制装置、辅助装置、工作介质五部分组成。其中能源装置为液压泵,执行装置为液压马达和液压缸,控制装置为液压控制阀,辅助装置中包含的原件有油箱、蓄能器、过滤器、热交换装置及管件等,工作介质为液压油。

液压传动的优点有可传递很大的力或力矩;快捷实现无级调速,调速范围大;传输同等功率下,易于实现快速启动,且制动和换向频繁;操纵控制方便,易于实现自动化;工作安全性好,易于实现过载保护等。

在液压传动实训教学中学生要在指导人员的指导下,进行采用行程阀的速度换接回路、仅有路节流调速回路。使学生掌握采用行程阀的速度换接回路的连接及操作,掌握进油路节流调速回路的操作,掌握连接机电一体化液压回路的要领。

(七)机电一体化

机电一体化是将机械技术与电子技术相结合,实现机械设备的高效、精准、智能化控制的技术。它涉及机械设计、电子技术、计算机技术、控制技术等多个领域,通过将这些技术有机地结合起来,实现机械设备的高效、精准、智能化控制。它通过将机械技术与电子技术相结合，实现了机械设备的高效、精准、智能化控制，提高了设备的性能和效率，广泛应用于各个领域。

机械技术、电子技术、计算机技术、控制技术共同搭建起机电一体化的技术构成。其中，机械技术是机电一体化的基础，它涉及机械设备的结构设计、材料选择、制造工艺等方面。机械技术的目标是提高设备的性能和效率，为机电一体化提供基础支持。电子技术是机电一体化的核心，它涉及电子元器件的选择、电路设计、控制系统等方面。电子技术的目标是实现设备的自动化和智能化控制，提高设备的运行效率和精度。计算机技术是机电一体化的重要支撑，它涉及计算机硬件、软件、网络等方面。计算机技术的目标是实现设备的远程监控和故障诊断，提高设备的可靠性和安全性。控制技术是机电一体化的关键技术，它涉及控制理论、控制算法、控制系统等方面。控制技术的目标是实现设备的精准控制和自动化运行，提高设备的生产效率和产品质量。目前机电一体化的主要发展方向是绿色化、智能化、网络化、微型化、模块化和人性化。

在机电一体化的实训中，学生应在指导人员的指导下，认真学习机电一体化实践安全操作规程后，完成万用铣床电路分析及故障排除，达到熟悉常用低压电器元件的功能、工作原理及万用铣床基本控制原理的实训目的。

● 拓展阅读

《中国制造 2025》的主要内容以及基本原则

《中国制造 2025》是国务院于 2015 年 5 月印发的部署全面推进实施制造强国的战略文件,是中国实施制造强国战略第一个十年的行动纲领。

制造业是国民经济的主体,是立国之本、兴国之器、强国之基。十八世纪中叶开启工业文明以来,世界强国的兴衰史和中华民族的奋斗史一再证明,没有强大的制造业,就没有国家和民族的强盛。打造具有国际竞争力的制造业,是我国提升综合国力、保障国家安全、建设世界强国的必由之路。

《中国制造 2025》是我国实施制造强国战略第一个十年的行动纲领。其总体结构可以概括为"一二三四五五十"。

"一",就是从制造业大国向制造业强国转变,最终实现制造业强国的一个目标。

"二",就是通过两化融合发展来实现这一目标。党的十八大提出了用信息化和工业化两化深度融合来引领和带动整个制造业的发展,这也是我国制造业所要占据的一个制高点。

"三",就是要通过"三步走"的战略,大体上每一步用十年左右的时间来实现我国从制造业大国向制造业强国转变的目标。

"四",就是确定了四项原则。第一项原则是市场主导、政府引导;第二项原则是既立足当前,又着眼长远;第三项原则是全面推进、重点突破;第四项原则是自主发展和合作共赢。

"五五",就是有两个"五"。第一就是有五条方针,即创新驱动、质量为先、绿色发展、结构优化和人才为本。还有一个"五"就是实行五大工程,包括制造业创新中心建设的工程、强化基础的工程、智能制造工程、绿色制造工程和高端装备创新工程。

"十"，就是十大领域，包括新一代信息技术产业、高档数控机床和机器人、航空航天装备、海洋工程装备及高技术船舶、先进轨道交通装备、节能与新能源汽车、电力装备、农机装备、新材料、生物医药及高性能医疗器械等十个重点领域。

《中国制造2025》的基本原则如下。

市场主导，政府引导。全面深化改革，充分发挥市场在资源配置中的决定性作用，强化企业主体地位，激发企业活力和创造力。积极转变政府职能，加强战略研究和规划引导，完善相关支持政策，为企业发展创造良好环境。

立足当前，着眼长远。针对制约制造业发展的瓶颈和薄弱环节，加快转型升级和提质增效，切实提高制造业的核心竞争力和可持续发展能力。准确把握新一轮科技革命和产业变革趋势，加强战略谋划和前瞻部署，扎扎实实打基础，在未来竞争中占据制高点。

整体推进，重点突破。坚持制造业发展全国一盘棋和分类指导相结合，统筹规划，合理布局，明确创新发展方向，促进军民融合深度发展，加快推动制造业整体水平提升。围绕经济社会发展和国家安全重大需求，整合资源，突出重点，实施若干重大工程，实现率先突破。

自主发展，开放合作。在关系国计民生和产业安全的基础性、战略性、全局性领域，着力掌握关键核心技术，完善产业链条，形成自主发展能力。继续扩大开放，积极利用全球资源和市场，加强产业全球布局和国际交流合作，形成新的比较优势，提升制造业开放发展水平。

参考文献

[1] 曲晓海,杨洋. 工程训练[M]. 长春:高等教育出版社,2020.

[2] 曲晓海,李晓春. 工程训练实训指导[M]. 长春:机械工业出版社,2020.

[3] 林晓亮,汪志能. 工程训练(劳动教育版)[M]. 杭州:浙江大学出版社,2022.

[4] 王鹏程. 工程训练教程[M]. 北京:北京理工大学出版社,2020.

[5] 程亮,尹文锋. 机械制造综合创新实训教程[M]. 北京:化学工业出版社,2020.

[6] 蔡立军,刘杰,李芬. 大学生劳动教育与实践[M]. 长沙:湖南大学出版社,2023.

[7] 吴德明,董妍玲,何春涛. 大学生劳动教育[M]. 武汉:华中科技大学出版社,2022.

[8] 王贵荣,张巍. 大学劳动教育[M]. 上海:上海交通大学出版社,2022.

[9] 朱华炳,李小蕴. 劳动教育[M]. 合肥:合肥工业大学出版社,2021.

[10] 陈国维. 大学生劳动教育[M]. 北京:高等教育出版社,2020.

[11] 马克思. 资本论(第1卷)[M]. 北京:人民出版社,2004.

[12] 教育部：《教育部关于印发〈大中小学劳动教育指导纲要（试行）〉的通知》，中国政府网，https∶//www.gov.cn/gongbao/content/2020/content_5535329.htm.

[13] 马克思恩格斯选集（第1卷）[M]．北京：人民出版社，2012.

[14] 教育部：《教育部关于印发〈大中小学劳动教育指导纲要（试行）〉的通知》，中国政府网，https∶//www.gov.cn/gongbao/content/2020/content_5535329.htm.

[15] 吴式颖．马卡连柯教育文集（下卷）[M]．北京：人民教育出版社 2005．

[16] 刘向兵．新时代高校劳动教育论纲[M]．北京：社会科学文献出版社，2019．

[17] 李珂．嬗变与审视：劳动教育的历史逻辑与现实重构[M]．北京：社会科学文献出版社，2019．

[18] 李晓红，郭凤臣．高校工科类专业开展劳动教育的路径研究[J]．教育理论与实践，2023，43(36)：12-15．

[19] 代磊，纪明．"全国劳模讲劳动教育课"引领高校劳动教育课程体系建设的创新——以吉林大学"全国劳模讲劳动教育课"为分析视角[J]．思想政治教育研究，2023，39(02)：118-122．

[20] 李灿，王栋．建构大学生劳动教育体系的探索和实践[J]．中国高等教育，2022，(23)：34-36．

[21] 王志明，曾小忙，靳辉．新时代劳动教育教程与实践[M]．上海：上海交通大学出版社

[22] 杜伟淳，丁立杰，陆玲．大学生劳动教育理论与实践指导研究[M]．北京：北京工业大学出版，2022．

[23] 邬承斌．大学生劳动教育理论与实践[M]．北京：电子工业出版社，2023．

[24] 张国刚. 工程基础训练与劳动教育[M]. 西安:西安电子科技大学出版社,2022.

[25] 陈劲松,金孝红. 劳动教育与工程训练[M]. 上海:上海交通大学出版社,2022.